न्यूनतम मैं

[63 कविताएँ : 2010-2014]

न्यूनतम मैं

गीत चतुर्वेदी

राजकमल प्रकाशन

ISBN : 978-81-267-2971-5

मूल्य : ₹495

पहला संस्करण : 2017
चौथा संस्करण : 2024

प्रकाशक : राजकमल प्रकाशन प्रा.लि.
1-बी, नेताजी सुभाष मार्ग, दरियागंज
नई दिल्ली-110 002
शाखाएँ : अशोक राजपथ, साइंस कॉलेज के सामने, पटना-800 006
पहली मंजिल, दरबारी बिल्डिंग, महात्मा गांधी मार्ग, प्रयागराज-211 001
1, अनमोल सोराबजी संतुक लेन, धोबी तलाव, मरीन लाइंस, मुम्बई-400 002
वेबसाइट : www.rajkamalprakashan.com
ई-मेल : info@rajkamalprakashan.com

मुद्रक : बी.के. ऑफसेट
नवीन शाहदरा, दिल्ली-110 032

NYOONATAM MAIN
Poems by Geet Chaturvedi

अरीन
और
अनिता गोपालन
के लिए

Only those who have died are ours,
Only what we have lost is ours...
Every poem, in time, becomes an elegy...
There are no paradises other than lost paradises.

—**Jorge Luis Borges,** *in 'Possession of Yesterday'.*
Translated from the Spanish by **Nicomedes Suarez Arauz**

जो मर चुके हैं, सिर्फ़ वही हमारे अपने होते हैं
सिर्फ़ वही चीज़ होती है हमारी अपनी, जिसे हम खो चुके होते हैं...
हर कविता समय के साथ एक शोकगीत बन जाती है...
जिन स्वर्गों को हमने खो दिया, उनके सिवा कोई स्वर्ग नहीं।

—**होर्हे लुईस बोर्हेस,** *'बीते कल को पाना'* में

*

पश्य देवस्य काव्यं न ममार न जीर्यति।

अथर्ववेद, 10:8:32

(यह सारी सृष्टि विधाता की रची हुई कविता है,
इसे देखो, यह न मरती न जीर्ण होती है।)

यो अस्याध्यक्षः परमे व्योमन् त्सो अंग वेद यदि वा न वेद।

ऋग्वेद, 10:129:7

(वह जो कवि (विधाता या अध्यक्ष) है,
वह अपनी इस कविता (सृष्टि) को जानता है
या शायद वह भी नहीं जानता।)

अनुक्रम

प्रथम सर्ग : *18 कविताएँ*

न नींद टूटती है न भरम टूटते हैं

द्वितीय सर्ग : *27 कविताएँ*

तुम्हारे बालों की सबसे उलझी लट हूँ
जितना खिंचूँगा उतना दुखूँगा

तृतीय सर्ग : *8 कविताएँ*

कवि अनमने के आँगन में रहता है

चतुर्थ सर्ग : *9 कविताएँ*

जब बर्दाश्त से बाहर हो जाएगी भूख
हम अपना भविष्य खा लेंगे

पंचम सर्ग : *एक लम्बी कविता*

दुर्भाग्य के दिनों में सुन्दरता की फ़िक्र करना
कला से ज़्यादा जिजीविषा है

प्रथम सर्ग : *18 कविताएँ*

न नींद टूटती है न भरम टूटते हैं

समाधि

मेरे भीतर समाधिस्थ हैं
सत्रह के नारे
सैंतालीस की त्रासदी
पचहत्तर की चुप्पियाँ
और इक्यानबे के उदार प्रहार
घूँघट काढ़े कुछ औरतें आती हैं
और मेरे आगे दीया बाल जाती हैं

गहरी नींद में डूबा एक समाज
जागने का स्वप्न देखते हुए
कुनमुनाता है

गरमी की दुपहरी बिजली कट गई है
एक विचारधारा पैताने बैठ
उसे पंखा झलती है

न नींद टूटती है न भरम टूटते हैं

दूध के दाँत

देह का कपड़ा
देह की गरमी से
देह पर ही सूखता है
—कृष्णनाथ

तुमने जिन-जिन जगहों पे गाड़े थे अपने दूध के दाँत
वहाँ अब बड़े-खड़े पेड़ लहलहाते हैं

दूध का सफ़ेद
तनों के कत्थई और पत्तों के हरे में
लौटता है

जैसे लौटकर आता है कर्मा
जैसे लौटकर आता है प्रेम
जैसे विस्मृति में भी लौटकर आती है
कहीं सुनी गई कोई धुन
बचपन की मासूमियत बुढ़ापे के
सन्निपात में लौटकर आती है

भीतर किसी खोह में छुपी रहती है
तमाम मौन के बाद भी
लौट आने को तत्पर रहती है हिंसा

लोगों का मन खोलकर देखने की सुविधा मिले
तो हर कोई विश्वासघाती निकले
सच तो यह है

कि अनुवाद में वफ़ादारी कहीं आसान है
किसी गूढ़ार्थ के अनुवाद में बेवफ़ाई हो जाए
तो नकचढ़ी कविता नाता नहीं तोड़ लेती

तुम्हारे भीतर पुरखों जैसी शांति है
समकालीनों जैसा भय
लताओं की तरह चढ़ता है अफ़सोस
तुम्हारे बदन पर
अधपके अमरूद पेड़ से झरते हैं

तुम्हें तैरना नहीं आता : स्विमिंग पूल के किनारे खड़े होकर तुम अगर यह सोचोगे
कि कूदूँ या न कूदूँ, तो तुम ताउम्र कूद नहीं पाओगे

या तो तैरने की इच्छा छोड़ दो
या कगार पर खड़े हो सोचना छोड़ दो
या तो उस व्यक्ति पर भरोसा करो, जो धोखे से तुम्हें धक्का मार दे

कुछ धोखे भरोसे लायक़ होते हैं

काव्य-न्याय

जिस आदम को स्वर्ग से बेआबरू निकाला गया
उसकी नियति देख लीजिए
आदम के आँगन में बाल-बच्चे किलक रहे
स्वर्ग ख़ुद ही नेस्तनाबूद हो गया

न्यूनतम मैं

वह फ़ोटो जो मैंने कभी नहीं खींचा
उसमें मैं सड़क पर भटक रहा
मैं एक पेड़ से कूद रहा
पानी से ख़ौफ़ के बावजूद पानी में तैर रहा

उसमें मैं कुछ लोगों से छिप रहा
कुछ लोगों से कह रहा कि मुझे देख लो
कुछ लोग मुझे मार रहे थे
मैं भी कुछ लोगों को मार रहा था

उसमें एक गुमटी पर चाय पीता मैं
अचानक किसी जुलूस में शामिल हो गया

उसमें एक इमारत की बाल्कनी में सिर झुकाए बैठा मैं
सड़क पर भटकते मैं से लेकर
पेड़ से कूदते मैं तक
तमाम मैं को देख रहा था

जब भी मैं मैं लिखता हूँ
मैं न्यूनतम मैं होता हूँ*

वह फ़ोटो जो मैंने कभी नहीं खींची
उसमें एक दरवाज़े के किनारे स्टूल पर बैठा हूँ मैं

---

* ये दो पंक्तियाँ ऑस्कर वाइल्ड की कुछ बातों को जोड़ने से बनी हैं।

किसी दरबान की तरह
अनधिकार प्रवेश की चेष्टाओं को रोकता

मैं यह फ़ोटो कभी नहीं खींच पाया
मैं इस फ़ोटो से निकल जाना चाहता हूँ

बाहर का रास्ता भीतर वाले कमरे से होकर गुज़रता है

टिकट

मैं अपनी नहीं, किसी और की राजनीति हूँ
मैं किसी और का गुप्त एजेंडा हूँ
मेरे होने-भर से कोई अपने हित साध लेगा
वह मेरा ही अहित होगा

मैं अपना नहीं
किसी और का नाम हूँ

नर्क की नागरिकता के लिए
मैंने आवेदन नहीं दिया था
मुझे किसी और के टिकट पर
यहाँ तक भेजा गया

पंचतत्त्व

मेरी देह से मिट्टी निकाल लो और बंजरों में छिड़क दो
मेरी देह से जल निकाल लो और रेगिस्तान में नहरें बहाओ
मेरी देह से निकाल लो आसमान और बेघरों की छत बनाओ
मेरी देह से निकाल लो हवा और कारख़ानों की वायु शुद्ध कराओ
मेरी देह से आग निकाल लो, तुम्हारा दिल बहुत ठंडा है

शैली

हृदय का अपना इतिहास होता है
हृदय की अपनी सभ्यता होती है

ऊपर की इन पंक्तियों में रिल्के ने
हृदय की जगह हाथ लिखा था

एक दिन इन हाथों को याद आ जाएगा
कि किसी ज़माने में ये पंख हुआ करते थे

किसी रात सोने से पहले मेरा नाम हृदय होता है
सुबह उठने के बाद पाता हूँ कि मेरा नाम इतिहास है

प्रकाश के वृत्त में अँधेरे की त्रिज्या
दार्शनिक स्वतंत्रता है

हर सीढ़ी अन्ततः ख़त्म हो जाती है
ऊपर बहुत सारी ऊँचाई चढ़े जाने से बच जाती है

मैं हमेशा चप्पल पहनता हूँ
फिर भी जानता हूँ गीली भूमि का स्पर्श

एक पेड़ मौन रह देखता है मुझे
चाहे कितना भी दूर क्यों न चला जाऊँ

एक दिन मैं शाम को उठा, पौधों में पानी दिया
मैंने उन्हें कोसा जिन्होंने नींद में मेरे साथ बुरा किया था

मैं उन्हें भूल गया जिन्होंने यथार्थ में मेरे साथ बुरा किया
मेरी प्राथमिकताएँ स्पष्ट हैं

नींद जिस शैली में रेखांकन करती है
उसे हम सिलवटें कहते हैं

मेरे माथे को बिस्तर बना
जाने कौन सोया था सारी रात

तुम्हारी स्मृति
मेरे नमक का निबन्ध है

जागने की मेरी शैली
मेरी अज्ञानताओं के कारण बनती है

कुमार सम्भव

एक पैर धारा में टिकाए (कि जहाँ हूँ वहीं रुकी रहूँ मैं)
दूसरा पैर हवा में उठाए (जहाँ हूँ वहाँ से तुम्हारी ओर बढ़ आऊँ)
कुमार सम्भव की पार्वती की तरह
मेरे अगर दो पैर हैं तो दो मन हैं
एक अडिग है हिमालय-सा
दूसरे में उनचास पवन की चंचलता

अन्य रौरव है अनन्य कुम्भीपाक

जो कुछ है यही नर्क है
स्वर्ग भी नर्क का ओसारा है महज़
जैसे दो कुछ नहीं
बस, एक और एक है अनेकानेक एक है

ख़ालीपन का प्रतिबिम्ब

रास्ता हर क़दम पर रुका होता है
साँस भी मुई, कौन-सा हर पल चलती है

मेरी देह पर रोम ज़्यादा रहे
जेब में सिक्के कम
जन्म लेने के क्षण से ही
मैं एक सुन्दर स्त्री और एक मेहनतकश पुरुष का
लगातार क़र्ज़दार रहा

बदलो, थोड़ा और बदलो
बदल-बदलकर एक रोज़
तुम ऐन अपने जैसे हो जाओगे

घोड़ा कभी ठीक घोड़े जैसा नहीं होता
मुर्ग़े में थोड़ी मछली हमेशा होती है
जैसे दीवार में थोड़ी-सी छत होती है
और रूप में थोड़ा-सा भ्रम

भूख में होती है तपस्या
पानी में बहुत सारी अतृप्ति
उपकार में कई आरोप
व्याख्या में थोड़ी-सी बदनीयती
करुणा में हमेशा एक निजी इतिहास होता है

इस चवन्नी का बोझ इतना है जितना सौरमंडल के सारे ग्रह
समय एक बोझ है : प्रयास, आधिपत्य, बीवी, बच्चे,

आँखें, दिमाग़, यह गोश्त, यह रक्त,
पूरी यह देह

महासागरों में जितनी बूँदें उनसे ज़्यादा बहा है रक्त मेरा
आसमान में जितने सितारे उनसे कहीं ज़्यादा बार मैं आँखें गँवा चुका
मैं उस यूनानी दार्शनिक की तरह
जिसने अपनी आँखें नोंच के फेंक दी थीं
बस बाहर ही बाहर देखती है
आँख ही ख़ुद आँख को कहाँ देख पाती*

आमने-सामने रखे दो आईनों के बीच
ख़ालीपन का प्रतिबिम्ब डोलता है

मेरे पास तुम्हारी विस्मृति की नागरिकता है
और तुम्हारा ही दिया मंत्र कि
अजनबी और पराया होना सुखद होता है

---

* यह कृष्णनाथ की एक पंक्ति है।

पानी का पौधा

पानी के परदे के पीछे से झाँकता बुद्ध का चेहरा
पानी के पौधे की तरह काँपता है
बुद्ध की पलकें पेड़ों पर पत्तियाँ बनकर उगती हैं

क्या तुम ईश्वर हो?
—नहीं, मैं ईश्वर नहीं

सफ़र करते हुए कहीं से जुटाती हो आग
जब सबकुछ बनाया जा सकता है मन के भीतर
तुम अपने लिए महज़ एक कप चाय बनाती हो

क्या तुम गंधर्व हो?
—नहीं, मैं गंधर्व भी नहीं

रहस्यों से मेरा पुराना परहेज़ है
और तुम उँगली पकड़ हर बार एक नए रहस्य की ओर ले जाती हो
मैं पहले ही पढ़ लेना चाहता हूँ आख़िरी पृष्ठ
सुरंग की तरह मेरे भीतर से गुज़रते हैं रहस्य

क्या तुम यक्ष हो?
—नहीं, मैं यक्ष भी नहीं

कमरे के कोने में एक भिक्षु बैठने से इनकार करता है
हर वक़्त खड़े रहना हर वक़्त प्रतीक्षा करना है
बैठकर किए गए इंतज़ार में भी इंतज़ार तो खड़ा ही रहता है

क्या तुम मनुष्य हो?
—नहीं, मैं मनुष्य भी नहीं

तुम लगातार ख़ुद को शॉल से ढाँपे रखती हो
और पढ़ी हुई हर कहानी को अपनी कहानी की तरह पढ़ती हो
जबकि मैंने भ्रम के स्टेशन से भ्रम को जाने वाली गाड़ियाँ पकड़ीं
बीच में जितने भी स्टेशन आए सबका नाम मैंने भ्रम पाया

इन सबमें तृष्णा है
—मैं महज़ अतृष्ण हूँ

सारे रहस्य मनुष्यों की तरह नश्वर हैं
बस, सबकी आयु अलग-अलग बदी है
अदृश्य में कोई परदा नहीं होता

हम दोनों एक ही जिल्द में रहेंगे
लेकिन हमारे बीच कई पन्नों का फ़ासला होगा
दूरियाँ लाँघे बिना ही
मेरी ऊर्जा तुम्हारी ऊर्जा का आलिंगन करेगी

संगति ऐसे भी बनती है

न जाने

तुम्हारे केश में छल्ले बनते थे
छल्ले मेरी सिगरेट के धुएँ से भी
तुमने कहा था—'उससे ज़्यादा छल्ले तुम्हारी बातों में बनते हैं'
छल्लेदार बातों से पृथ्वी के वक्ष पर शनि जैसी डोरियाँ बँध जातीं
बात गेंद थी हम गेंदों से खेलते थे
धरती के रोम में हरे का नम बनकर खोते थे
जितनी बार तुम काश कहतीं मैं आकाश होता
पुष्कर मेघों की तरह तुम्हें घेर लेता
हर उसाँस मन की सीटी की तरह बजती
कमरे के भीतर एक बेचैन परिंदा चाँद की तरह पंख फड़फड़ाता
एक निश्चित रास्ते पर भटकता है
सामने जो भी कुछ है पहचाने बिना अनन्त काल तक घूरता हूँ उसे
जैसे न जाने कहाँ के लिए निकला एक इंजन
न जाने कहाँ की धुन्ध में न जाने कैसी तो भी रोशनी जलाए न जाने क्यों खड़ा हो

नाख़ून

दिल का एक टुकड़ा ऐसा भी होता है जो टूट जाए तो दर्द नहीं होता
उस टुकड़े को हम दिल का नाख़ून कह सकते हैं

कुछ दिल भले पूरी तरह टूटे हों
पर यह वाला टुकड़ा अटूट होता है इस क़दर अक्षत
कि बाक़ी दिल भले बुरादे-सा हो
यह टुकड़ा लताओं की तरह बढ़ता
ऐसे लोग दूसरों को नाख़ून मारते हैं इस तरह दर्द देते हैं

सारे नाख़ून दिल के नाजायज़ वंशज हैं

सड़क

बहुत पहले सड़क सीधे आसमान की ओर जाती थी

बेल-लताओं की तरह रोज़ उठती रोज़ बढ़ती
तारे उसकी कोशिशों को देख हँसा करते थे
फिर भी वह हर रोज़ अपना क़द बढ़ा लेती उठती जाती
एक दिन चाँद भी उस पर हँस पड़ा
उस दिन सड़क धड़ाम से गिर गई

उसके बाद दुनिया की कोई सड़क कभी उठ नहीं पाई

लुगदी

अगर तुम्हारे चारों ओर कोहरा है
तो नमी तुम्हारा मोमज़ामा होगी

इससे तुम्हारा काग़ज़ गीला हो जाएगा
इससे उस पर तुम्हारी लिखावट की स्याही फैल जाएगी
इससे वह जगह भी फैल जाएगी अपनी लुगदियत में
जहाँ तुम्हें नींद में जाने से पहले
अपनी आत्मा की लिपि में
अपने सदियों पुराने होने को
सिर्फ़ एक अक्षर में लिख जाना था

काग़ज़ तैयार होने से पहले की लुगदी है तुम्हारी नींद
जो सितारा तुम्हारे सबसे क़रीब होगा वही सूरज कहलाएगा

आभास

लोगों को अतीत की बड़ाई करने दो
मुझे ख़ुशी है, मैं इस समय पैदा हुआ
—ओविड, *आर्स आमातोरिया*

विस्मृति मेरा पिता है स्मृति मेरी माँ
मैं सारा मनुष्य किसी परमपिता महादेवी की ओर न देखूँगा

चूँकि मेरी भाषा यथार्थ को कभी पकड़ नहीं सकती
मैं कल्पना का सरल रास्ता अपनाता हूँ
एक दिन यथार्थ व कल्पना में फ़र्क़ नहीं रह जाता
मैं यहीं कहीं को निरस्त कर कहीं नहीं में चला जाता
मैं मेरा आसपास तुम तुम्हारा ऊपर-नीचे
एक थ्री-डी चलचित्र है सत्य भी महज़ एक आभास है

दो काम एक जैसे हैं
मैं भावी स्मृतियाँ एकत्र करूँ
या एकत्रित स्मृतियों का भाव पकड़ सकूँ
भीतर कोई स्व नहीं आत्म नहीं
बस एक मूक साक्षी है दर्शक है

आभास भी एक दर्शन है

जिस संसार में मैं रहता हूँ उसकी कोई सीमा नहीं
मैं समंदर को पाटकर ज़मीन नहीं बनाता यह जल का अतिक्रमण है
देह की आकृति के बाहर जो जगहें हैं उन्हें भी अपनी देह ही मानता हूँ
उन्होंने पूछा बाहर की उस जगह में रहते कैसे हो

मैं कभी यह नहीं पूछ पाया आकृति के भीतर तुम रहते कैसे हो
रहना भी महज़ एक आभास है जैसे मैं तुम्हारे हृदय में रहता हूँ

रात हर फूल से कुछ कहना चाहती है
फूल नहीं समझ पाता जब
वह अपना एक आँसू उसके रंग पर रख जाती है

सुबह जब तुम जागती हो तुम्हारे केश गीले होते हैं

मैं समय गुज़ारता नहीं एक बहुत बड़ा इरेज़र मेरे क्षणों को मिटाता चलता है
जीवन एक लम्बा उपन्यास नहीं अधूरी छूट गई कई लघुकथाओं का संग्रह है

छोटा ईश्वर

[नीत्शे से प्रभावित 'छोटा ईश्वर' सीरीज़ में फ़िलहाल पाँच हिस्से हैं। ये नीत्शे के प्रति मेरा आदर है। आदर अनन्त है। सीरीज़ अनादि है।]

1

मछली होना दुखद है
गहरे तैरती है फिर भी थाह नहीं पाती

पेड़ को अदृश्य हवा हिला देती है
मेरे हाथ नहीं हिला पाते

अथाह और अदृश्य में दुख की आपूर्ति है

मैं यहाँ नहीं होता तो सड़क का एक लैंप पोस्ट होता
मेरी आत्मा अगर मुझमें नहीं होती
तो जंगल के बहुत भीतर अकेले गिरता झरना होती

बारिश मुझसे ज़्यादा मेरी छतरियों को भाती है
पैदल चलना नृत्य की कामना है

छोटा ईश्वर दिन में सोता है
सारी रात तितलियों का पीछा करता है

2

अतीत मातृभूमि है
वर्तमान मेरा निर्वासन
कोई सड़क कोई हवा मेरी मातृभूमि तक नहीं जाती
मैं अनजानी जगहों पर रहता हूँ
श्रेष्ठतम रहस्य अपनी मासूम दृष्टि से मेरी पीठ पर घावों की भूलभुलैया रचते हैं

तुम्हारे जितने अंग मैं देखूँगा
उतनी कोमलता उनमें बरक़रार रहेगी
मेरी दृष्टि गीला उबटन है

जुलाई की बारिश मेरी नींद की गंगा है

पुरानी फ़र्शों पर पड़ी दरारें उनकी प्रतीक्षा हैं
जिन्होंने नयेपन में उनसे प्रेम किया था

हर दरार के भीतर कम-से-कम एक अँधेरा रहता है

पेंसिल का छिलका फूल बनने का हुनर है
टूटी हुई नोक टूटे सितारों की सगेवाली है

छोटा ईश्वर हर अंग से बोलता है
उसके होंठ उपजाऊ हैं चुप का बूटा वहीं हरा खिलता है

3

मृत्यु सबसे शक्तिशाली चुम्बक है
अपनी कार मैं नहीं चलाता
गंतव्य उसे अपनी ओर खींच लेता है

पुरानी छत की खपरैल पर तुम्हारे साथ बैठा मैं
दूर से तुम्हारी ओर झुके गुंबद की तरह दिखता हूँ

नीमरोशनी में अधगीली सड़क पर पानी का डबरा
नदी का शोक है
तुम्हारे पदचिह्न ईंट बन गए जिन्हें जोड़कर मैं अपना घर बनाऊँगा

भाषा के भीतर कुछ शब्द मुझे बेतहाशा गुदगुदी करते हैं
तुम्हारा संगीत हमेशा मेरी त्वचा पर बजता है
तुम्हारी आवाज़ के अश्व पर बैठ मैं रात के गलियारों से गुज़रता हूँ

तुम्हें जाना हो तो उस तरह जाना
जैसे गहरी नींद में देह से प्राण जाता है
मौत के बाद भी थिरकती मुस्कान शव का सुहाग है

छोटा ईश्वर ताउम्र जीने का स्वाँग करेगा
उम्र ख़त्म होने के बाद वह तुम्हारी गोद में खेला करेगा

4

इमारतें शहरों की उदासी हैं
मैं इस शहर की सबसे ऊँची इमारत की छत पर टहलता हूँ
आँसू चाँद की आँखों से नहीं, उसके थन से निकलते हैं दूध बनकर
रात का उज्ज्वल रुदन है चाँदनी

धरती और आकाश के बीच बिजली के तार भी रहते हैं

उबलते पानी के भीतर गल रहे चीनी के दाने त्वचा की तरह दिखते हैं
बालाखिल्य की तरह मैं अपनी भाषा से उल्टा लटका हूँ
मेरी उम्मीदें गमले में उगे जंगल की तरह थीं
मिट्टी में जड़ की तरह धँसा मैं तुममें
जड़ होकर भी मैं चेतन था
इसीलिए चौराहों पर तुम्हें दिशाभ्रम होना था

ढलान पर खिला जंगली गुलाब अपने काँटों के बीच काँपता है
मेरी आत्मा काँपती है झुटपुटे में प्रकाश की तरह
कुछ दृश्यों को मैं सुन्दर-सा नहीं बना पाता
चित्रकला की कक्षा में मैं बहुधा अनुपस्थित रहा

अकूत और अबूझ में पीड़ा का बहनापा है

घाव लगने पर छोटा ईश्वर सिग़रेट सुलगाता है
अ-घाव के दिनों में कंकड़ों का चूरा बना पानी में बहाता है.

5

मैं हूँ इसे संदेह से देखो
इस कविता को भी
सबसे ज़रूरी कि इस पुस्तक को
कि यह है भी या नहीं जो तुम पढ़ रहे

मैं एक पत्ती लिख रहा
तुम एक पेड़ पढ़ रहे

पेंसिल की नोक जैसी होती है भाषा
थोड़े प्रयोग से भोथरी हो जाती
थोड़े दबाव से टूट जाती

ये शब्द और वाक्य और कविताएँ नहीं
अधिभौतिक व्यवस्थाएँ हैं
बिन्दुओं में विखंडित किसी रेखा की तरह
दूर-दूर फिर भी साथ-साथ दूर तक चलकर ये बिन्दु रेखा बन जाते
कभी लटपटाकर आपस में ही लड़ जाते

खिंचने से पहले कोई रेखा सदियों तैयारी करती है
बिलकुल सही-सटीक एक रेखा बन जाने के लिए
जैसे बोधिसत्व जन्मांतरों तक करता है इंतज़ार

बुद्ध हमेशा माया की कोख से जन्म लेते हैं

मैं भाषा में रहता हूँ
एक सीमित अभिव्यक्ति
मैं देह में रहता यह भी कौन-सी असीमित

सीमा में ही आनन्द मिले
तो असीमित की इच्छा क्यों करना
यथार्थ के दृश्य में ही सुख मिल जाए
तो सुख के दृश्य की कल्पना क्यों करना

छोटा ईश्वर के सपने अ-भाषा की अभिलाषा हैं
यह पंक्ति लिखकर हिन्दी का आख़िरी अच्छा कवि मर गया

(पर) लोक-कथा

एक समय की बात है। एक बीज था। उसके पास एक धरती थी। दोनों प्रेम करते थे। बीज धरती की गोद में लोटपोट होता, हमेशा वहीं बने रहना चाहता। धरती उसे बाँहों में बाँधकर रखती थी और बार-बार उससे उग जाने को कहती। बीज अनमना था। धरती आवेग में थी। एक दिन बरसात हो गई और बीज अपने उगने को स्थगित नहीं कर पाया। अनमना उगा और एक दिन उगने में रम गया। अन्यमनस्कता भी रमणीय होती है। ख़ूब उगा और बहुत ऊँचा पहुँच गया। धरती उगती नहीं, फैलती है। पेड़ कितना भी फैल जाए, उसकी उगन उसकी पहचान होती है।

दोनों बहुत दूर हो गए। कहने को तो जड़ें धरती में रहीं, लेकिन जड़ को किसने पेड़ माना है आज तक? पेड़ तो वह है जो धरती से दूर हुआ। उससे चिपका रहता, तो घास होता। पेड़ वापस एक बीज बनना चाहता है। धरती अपना आशीष वापस लेना चाहती है। पेड़ को दुख है कि अब वह वापस कभी वही एक बीज नहीं बन पाएगा। अलबत्ता, हज़ारों बीजों में बदल जाएगा। धरती ठीक उसी बीज का स्पर्श कभी नहीं पा सकेगी। पेड़ उसके लिए महज़ एक परछाईं होगा।

जीवन में हर चीज़ का विलोम नहीं होता। रात एक अँधेरा दिन नहीं होती, और दिन एक उजली रात नहीं होता। चाँद एक ठंडा सूरज नहीं, और सूरज एक गरम चाँद नहीं है। धरती और आसमान कहीं नहीं मिलते, कहीं भी नहीं।

मैं पेड़ के बहुत क़रीब जाता हूँ और उससे कहता हूँ, सुनो, तुम अब भी एक बीज हो। वही वाला बीज। क़द के मद में मत आना। तुम अभी भी उगे नहीं हो। तुम सिर्फ़ धरती की कल्पना हो।

सारे पेड़ कल्पना में उगते हैं। स्मृति में वे हमेशा बीज होते हैं।

वत्सदंत

[संस्कृत महाकवि श्रीहर्ष के लिए]

पेड़ एक निर्वाक् प्रतीक्षालय है
मौन एक नाद है जिसके पीछे अनहद नदी बहती है

तुम्हारे कंठ का स्वर गांडीव से निकला वत्सदंत है
जो मृत्यु नहीं देता, जीवन के पार भी भटकन ही देता है
गोया जीवन कम है मेरे लिए जीवन की भटकन भी कम है

बाल दोमुँहे थे बातें भी दोमुँही
क्या देव क्या दानव मेरे इतिहास में एक मुँह से किसी का काम ही न चल पाया
सारे देव प्रेम करते थे प्रेम का एक भी देव नहीं
वासना का देव था जो अपनी देह ही न सँभाल पाया
अगर मैं हवा से तुम्हारी देह बनाकर तुम्हें चूमता हूँ बेतहाशा
तो यह मेरी परम्परा का सर्वश्रेष्ठ पालन है

मिथिहास एक अन्यमनस्क परिहास है
हर परिभाषा फिर भी एक नई आशा है

अल्प विराम अर्ध विराम और तमाम विराम चिह्न जोड़ लिये
सुन्दर वाक्य शब्दों से बनता है संकेतों से नहीं
मेरी गठरी में बहुत सितारे हैं
लेकिन आसमान की मिल्कियत परिंदों को कभी मिली नहीं

मुझे मत दोषो शब्द बनकर तुम्हें ही आना था
मेरी गठरी को खोल आसमान बन तन जाना था

मन पर कौमार्य की कोई झिल्ली नहीं होती
मन भी देव है एक से ज़्यादा मुँह वाला

हद है प्रेम हमेशा मुसीबत की तरह आया
कोई मुसीबत कभी प्रेम की तरह नहीं आई
किसी ने कहा यह गूँगे का गुड़ है
दरअसल यह मुहावरा ही अभिव्यक्ति के ख़िलाफ़ सबसे गहरी साज़िश है

हाथ की रेखाओं पर कभी रेल चला दी
तो तय है सब आपस में टकराकर नष्ट हो जाएँगी
ऐसा सर्वनाश जंक्शन किसी नक़्शे में भी नहीं मिलेगा

अन्त के अनेक विकल्प हैं

द्वितीय सर्ग : *27 कविताएँ*

तुम्हारे बालों की सबसे उलझी लट हूँ
जितना खिंचूँगा उतना दुखूँगा

पथरीला पारितोषिक

इस दुनिया में जितनी भी पत्थरदिल औरतें हैं उनसे प्रेम करो
और उन्हें पवित्र मूर्तियों में तब्दील कर दो
जान लो वे निर्जन में छूट गई हैं अपनी कठोरता में उन्मत्त
जिनके आगे कोई दीया नहीं जलता
पथरीला पारितोषिक है यह प्रेम का कि
उनके स्वप्नों में हमेशा रुदन में लहराती अखंड ज्योति आती
आता जीवन में जो भी उनके आकार पर बेहद मस्ताता
उनके अनाकार को कोई झाँक भी न पाता
वे अपने मुलायम रेशों को कुबेरकोष की तरह छिपातीं
कुछ सदियाँ ही एक पत्थर को मैं रुई कहता आया
एक सुबह उठा उसे रुई में बदला हुआ पाया

टूटकर भी तनी हुई

जीवन जैसा भी था वर्तुल था
सीधी रेखा बीच से टूटा हुआ वर्तुल थी
टूटकर भी तनी हुई
टूटने से भी तन सकता है कोई का आकार में अनुवाद वह
जो चौरस था वह भी वर्तुल
उसके चार केंद्र थे जो अपनी जगह से इतने अनमने
कि ग्रामदेवताओं की तरह केंद्रीयता का बहिष्कार कर सीमाओं पर जा बसे
हर आकार में वर्तुल होने का आभास था
और यह भी कि जीवन का अर्थ आकार में नहीं, आभास में बसा होता है
एक पत्थर था भाषा के भीतर स्त्रीलिंगी होने की हैरत से भरा
उसका स्त्रीत्व पहुँचा मुझ तक पहले फिर उसका पत्थर होना
स्त्रीलिंगी पत्थरों का उद्धार पवित्र हृदयों से नहीं, पवित्र पैरों से होता है
इस हैरत से भरा मैं इस सोग में ख़ाली हुआ
कि मेरे पैरों में हमेशा मैल रही
इतना प्रेमा मैं तुमसे कि तुम्हें उद्धार की ठोकर भी न मार पाया
कि पवित्र हृदयों की अहमियत पवित्र पैरों के मुक़ाबले कम ही रही हमेशा
हर पत्थर की कामना यह कि पानी से हवा से किनारों की रेत से
घिसे उसका अनाकार
हर आभास में पाए वह वर्तुल होने का आकार
जैसे बाँस-वृक्ष की संधियाँ वर्तुल अँगूठियों से जड़ी हुईं
बीसियों केंद्रों के अनमनेपन का अचम्भा जो वर्तुल, तुम वह जीवन थीं
जोबन जिस जीवन का जोगनें ले गईं
ज्यों यह जीवन-संध्या नहीं
पूरा जीवन ही संध्या है

मनमाना

मैं रात के बग़ल में लेटा हूँ
मेरी पीठ पर तुम्हारी चूड़ी का सिकुड़ा हुआ निशान है
एक करवट लेता हूँ दब-दब जाती है सदियों पुरानी कोई नींद
मेरी उबासी स्मृति है तुम्हारे हज़ार-साला ताज़े यौवन की
मैं क्लांत मनाधीश नींद को अपना मानने की भूल करता
तुम्हारी समस्त भावनाओं का सलाद है यह क्लांति
तुम्हारा ही चमत्कार है ओ प्रेम मेरे जीवन के और जीवन के पार के भी, ओ प्रेम
कि हर्ष के बीज से अवसाद का फल उगाते हो
हृदय के रक्त में थलगंगा की क़लम लगाते हो
स्वप्नों का कौमार्य अक्षुण्ण भला क्यों होता है ?
नींद का सौंदर्यशास्त्र हैं स्वप्न
नींद आती उसी तरह
जैसे मनमाना करने में प्रेम जितना आनन्द पाने वाली प्रेमिका
मनमाना करके प्रेम जितनी पीड़ा देने वाली प्रेमिका
जिसे मन से माना उससे असम्भव प्रेम की उम्मीद करता
रात के बग़ल में लेट नींद को अपनी देह पर उसके होंठों की छुअन की तरह उतरता
पाने की उम्मीद में
मन को मारता उसी के इन्तज़ार में डूबता अपनी थिरता में तिरता
मनमाना करने वाली आती जब तब तक प्रेम की इच्छा बारिश के बाद सूख चुकी
सड़क जैसी चितकोबरी हो जाती
अपनी-सी लगने वाली नींद उगती मन और देह के क्षितिज पर
उगती रात के ख़त्म हो जाने के नारंगी घोषणापत्र की तरह
तब तक करवटों की सिलवटों से उठकर काम पर जाने की हड़बड़ी
मुझे अँकवारी भर चुकी होती

तुम्हारा शुक्रवार

तुमने कहा था कि तुम पेड़ इसलिए नहीं हो
कि तुमने कभी पत्ते नहीं पहने
फिर भी मैं तुम्हारी छाँह में बैठा
और तुम्हारे पत्तों से ढँका अँधेरा देखा

मैं तुम्हारी तस्वीर कभी नहीं बना सकता
कुछ आकार मैंने इससे पहले कभी नहीं जाने
इतने ज़्यादा कोण मिल जाएँ
तो सिर्फ़ वृत्त बनता है

जो हमने साथ गुज़ारा
इस पूरे दिन को भविष्य में प्रवेश के लिए
एक छद्म नाम चाहिए होगा

*

हम अपनी देह एक–दूसरे से छिपा ले जाएँगे
किसी दिन हम अपने शब्दों से बनाएँगे
एक–दूसरे का रूप
और बिना बताए अपने पास रख लेंगे

तुम हर सुबह मेरी आवाज़ सुनोगी
जो मैंने तुम्हारे कानों तक नहीं भेजी
एक दिन तुम्हारे पास अपनी कोई देह न होगी
सिर से पाँव तक मेरी लहराती हुई फुसफुसाहट होगी वह देह
मेरी आवाज़ की गूँज से बनी मीनार होगी तुम्हारी आत्मा

हम कभी नहीं मिले फिर भी
जो हमने साथ गुज़ारा
इस पूरे दिन को भविष्य में प्रवेश के लिए
भविष्य की भी ज़रूरत नहीं पड़ेगी

जैसे तुममें समाने के लिए तुम्हारी ज़रूरत भी कहाँ पड़ी थी मुझे

इस धरती पर तुम कहीं नहीं रहतीं सिवाय मेरी बातों के
और मैं भी कहीं नहीं हूँ सिवाय तुम्हारी बातों के
हम दोनों ने ही घर बदल लिया है

समकोण

कहते हैं, मरने वाले याँ से गए
सब यहीं रह गए, कहाँ से गए
—मीर

मैं अवलम्ब था तुम्हारा ऐसे ही खड़ा होता तुम पर जैसे समकोण
तुम जगह थी   छूट जाए जो   तो अधर का अभिशाप है

मेरी मृत्यु के बाद भी बने रहना मेरे जीवन में
बही हुई मेरी अस्थियों में स्मृतिपुष्पों की तरह उगना और नदियों के पानी को सुवासित कर देना

मैं तत्सम था

खंभे के नीचे बिछी घास में पाषाणयुगीन अन्धड़ों से बनी झुक
अब भी बची है जैसे
मोत्सार्ट की सिंफनी आइंस्टीन की खोज की तरह
सेब तोड़ने बढ़े आदम की देह की उचक की तरह न्यूटन के गिरते सेब की तरह

तुम मेरी तद्भव

जिस सितारे से प्रेम किया था वर:मिहिर ने और आकलन के कलह में
उसके वास्ते एक सटीक नाम न खोज पाया था उसकी तरह

चले जाने के बाद भी चलते ही जाना

ईश्वर ने तुम्हें मेरी पसलियों से बनाया था

तुम जब भी खिसियाती थीं अवलंबित तुम पर इस आत्मा को नोंचती थीं
इस पर तुम्हारे नाख़ूनों की खुरच के लम्बवत् निशान हैं

मेरी शास्त्रीयताओं का

तुम वेग हो गांगेय तो मैं भी
उतना ही जटिल हूँ जितना शिव की जटा
तुम्हें थामा, रोपा और धार के पौधे की तरह अपने मस्तक पर उगाया
जितना प्रहारोगी मुझे उतना ही खोओगी वेग तुम अपना
बूँद-बूँद धारा-धारा विखंडित हो विसर्जित होगी तुम मुझमें

तुम लोक में अनुवाद

कितना भी सहेजूँ एक दिन तुम्हें मैदानों की तरफ़ जाना ही था
जब तक नहीं जाना था तुम्हें तुम्हारी ओर बढ़ा था महानद की तरह
जैसे ही जाना तुरत सकुचाया
अबोध दिवसों में ही क्यों होता है आनन्द का अतुल्य
खुशी का भंडार

एक दिन एक काग़ज़ पर लिखा —जान चुका
आईने में उसका प्रतिबिंब बना —चुक जाना

हमारा मुख-सुख
एक साथ घटित न हुआ

मंथरता से थकान

मेरी त्वचा की पार्थिव दरारें तुम्हारी अनुपस्थिति का रेखांकन हैं
प्रेम तुम्हारी नीति थी मुझ पर राज करना तुम्हारी इच्छा
मैं तुम्हारी राजनीति से मारा गया

मेरे हृदय में हर पल मृत्यु का स्पंदन है
बाँह के पास एक नस उसी लय पर फड़कती है जिस पर दिल धड़कता है

इतने बरसों में इतने शहरों में इतने मकानों में इतनी तरहों से रहता आया मैं
कि कई बार सुबह उठने पर यह अन्दाज़ा नहीं होता कि
बाईं ओर को बाथरूम पड़ता है या बाल्कनी

इस महासागर में जितनी भी बूँदें हैं वे मेरे जिए हुए पल हैं
जितनी बूँदें छिपी हैं अनन्त के मेघ और अ-मेघ में
दिखने पर वे भी ठीक ऐसी ही दिखती हैं

मैं बलता रहा दीप की बाती की तरह
जिसमें डूबा था वह तैल मुझे छलता रहा
भरी दोपहर बीच सड़क जलाया तुमने मुझे
मुझे कमतर जताने की तुम्हारी इस विनम्रता को चूमता हूँ मैं

तुम आओ और मेरे पैरों में पहिया बन जाओ
इस मंथरता से थक चुका हूँ मैं
थकने के लिए अब मुझे गति चाहिए

सारे सिकंदर

सारे सिकंदर घर लौटने से पहले ही मर जाते हैं
दुनिया का एक हिस्सा हमेशा अनजीता छूट जाता है
चाहे कितने भी होश में हों, मन का एक हिस्सा अनचित्ता रहता है
कितना भी प्रेम कर लें, एक शंका उसके समांतर चलती रहती है
जाते हुए का रिटर्न टिकट देख लेने के बाद भी मन में हूक मचती है कम-से-कम
एक बार तो ज़रूर ही
कि जाने के बाद लौट के आने का पल आएगा भी या नहीं

मैंने ट्रेनों से कभी नहीं पूछा कि तुम अपने सारे मुसाफ़िरों को जानती हो क्या
पेड़ों से यह नहीं जाना कि वे सारी पत्तियों को उनके फ़र्स्ट-नेम से पुकारते हैं क्या
मैं जीवन में आए हर एक को ज्ञानना चाहता था
मैं हवा में पंछियों के परचिह्न खोजता
अपने पदचिह्नों को अपने से आगे चलता देखता

तुममें डूबूँगा तो पानी से गीला होऊँगा न डूबूँगा तो बारिश से गीला होऊँगा
तुम एक गीले बहाने से अधिक कुछ नहीं
मैं आसमान जितना प्रेम करता था तुमसे तुम चुटकी-भर
तुम्हारी चुटकी में पूरा आसमान समा जाता

दुनिया दो थी तुम्हारे वक्षों जैसी
दुनिया तीन भी थी तुम्हारी आँखों जैसी
दुनिया अनगिनत थी तुम्हारे ख़यालों जैसी

मैं अकेला था तुम्हारे आँसू के स्वाद जैसा
मैं अकेला था तुम्हारे माथे पर तिल जैसा
मैं अकेला ही था

दुनिया भले अनगिनत थी जिसमें जिया मैं

हर वह चीज़ नदी थी मेरे लिए
जिसमें तुम्हारे होने का नाद था
फिर भी स्वप्न की घोड़ी मुझसे कभी सधी नहीं

तुम जो सुख देती हो, उनसे ज़िंदा रहता हूँ
तुम जो दुख देती हो, उनसे कविता करता हूँ
इतना जिया जीवन, कविता कितनी कम कर पाया

दुख ही रग का रस है

मुझ पर संदेह करके भी
तुम मुझमें विश्वास रख सकते हो

ये जो सारी सड़कें हैं किन चीज़ों की परछाइयाँ हैं
और सूरज के चढ़ने–उतरने से इन परछाइयों की लम्बाई कभी घटती क्यों नहीं
काम करते–करते जैसे अचानक बाँधती हो तुम केश
दुनिया की सारी सड़कें तुम्हारे जूड़े में बदल जाएँगी

मैं उस कवि जैसा लिखता
जिसे मैंने कभी नहीं पढ़ा

केतली से जो भाप निकलती है
किस बरस निकली थी ऐसी ही मुँह से
भीतर की गर्मास और बाहर की ठंड में
किस रात बना था ऐसा ही रिश्ता

मैं उसके जैसा दिखता
जो मेरे मरने के बाद पैदा होगा

तुम्हारा चेहरा इतना लूना था लजीला
कि मेरी साँस की भाप को तुमने घूँघट बना लिया था
मेरी आह की अटारी पर तुम्हारी हँसी के काग़ज़ रह–रहकर फड़फड़ाते हैं

मैं उन जगहों का मानचित्र
जहाँ कभी गया ही नहीं

जो बिन्दी तुम्हारे माथे से गुमी थी
तुम्हारे जाने के बाद मेरे तकिए पर चिपकी मिली

मैं वह इच्छा
जो न मेरे दिल में उठी न किसी और के

स्वाँग ही होगा जाँगर से भरा जदि
वह रग खोजूँ जो दुखती न हो
जबकि जान यह पहले ही चुका
दुख ही रग का रस है

न मैं था न मैं हूँ
रहूँगा भी नहीं मैं कभी
मेरे हुए को छोड़ो
मेरे किए को महसूस करो

चम्पा के फूल–1

[दो अजीब और अविश्वसनीय चीज़ों को जोड़ने का
काम करते हैं उम्मीद और स्वप्न
बुनियाद में बैठा भ्रम विश्वास का सहोदर है
उस क़ुरबत का आलिंगन
जो तमाम दूरियों से भी ताउम्र निराश नहीं होती]

कहा था, काँच हूँ, पार देख लोगे तुम मेरे
मेरी पीठ पर क़लई लगाकर ख़ुद को भी देखोगे बहुत सच्चा
जिस दिन टूटूँगा, गहरे चुभूँगा, किरचों को बुहारने को ये उम्र भी कम लगेगी
तुमसे प्रेम करना हमेशा अपने भ्रम से खिलवाड़ करना रहा

स्वप्न में हुए एक सुन्दर प्रणय को उचक कर छू लेना चाहता हूँ
लेकिन चम्पा मेरी उचक से परे खिलती है
मैं उसकी छाँव में बैठा उसके झरने की प्रतीक्षा करता हूँ

एक अविश्वसनीय सुगन्ध
उम्मीद की शक्ल में मेरे सपने में आती है
मुझे देखो, मैं एक आदमक़द इन्तज़ार हूँ

मैं सुबह की उस किरण को सांत्वना देता हूँ
जो तमाम हरियाली पर गिरकर भी कोई फूल न खिला सकी
चम्पा के फूलों की पंखुड़ियाँ सहलाता हूँ
उनकी सुगन्ध से ख़ुद को भरता तुम्हारे कमरे के कृष्ण से पूछता हूँ
चम्पा के फूल पर कभी कोई भँवरा क्यों नहीं बैठता

दो पहाड़ियों को सिर्फ़ पुल ही नहीं जोड़ते, खाई भी जोड़ती है

चम्पा के फूल –2

गिटार को गुमान में रख दो
तो भी एकाध तार बज उठता है उसका
तुम वैसे ही बजी थीं हौले से
जब उस चबूतरे पर बिठाया था तुम्हें

तुम उस कम्पन की तरह थीं जिसने पहले आवाज़ खोई कि अपनी काँप
स्थिरता एक अदृश्य कम्पन है खाई एक उल्टा पहाड़
दुख यानी बेरौनक़ सुख और सुख यानी महराबदार दुखों की तरह उगती–बीतती

उस पेड़ के नीचे सूखी पत्तियों बेनाम घासों गुमनाम टहनियों का अस्त–व्यस्त व्याकरण था
अपने नियमों से टूटकर अलग हुआ
रीत गई अभिनेत्रियों की तरह तुम तिनका तोड़ रही थीं

चम्पा राधा का रूप होती है और भँवरे कृष्ण के शिष्य
इसलिए नहीं भटकते भँवरे चम्पा पर कि
गुरु के साथ छल होगा
जबकि चम्पा का फूल अब भी कृष्ण की प्रतीक्षा कर रहा

मुझे तुम पर झरना था
छूने की इच्छा करना भी तुम्हें छूना ही है
पैरों से तुमने पत्तियाँ बुहारीं
पत्तियों के बीच ख़ुद को बुहारा

मैं सुगन्धों का ज्ञानी हूँ
प्रेम से बड़ा कोई तर्क नहीं मेरे पास

फूल प्रेम में डूबी प्रतीक्षारत स्त्रियों की तरह हैं
उनकी मादकता उनकी निजता है
भीनापन कभी सार्वजनीन नहीं होता

तुम मुझे चूमना चाहती थीं
इच्छा की चम्पा झरी थी तुम्हारे बाएँ
जाते हुए तुमने फूल को हाथ में थाम रखा था
जाते हुए तुम फूल के हाथों में थमी हुई थीं

चम्पा प्रतीक्षा की सुगन्धित संज्ञा है

मैं कृष्ण से छल न कर पाया

आषाढ़ पानी का घूँट है

तुम्हारी परछाईं पर गिरती रहीं बारिश की बूँदें
मेरी देह बजती रही जैसे तुम्हारे मकान की टीन
अडोल है मन की बीन

झरती बूँदों का घूँघट था तुम्हारे और मेरे बीच
तुम्हारा निचला होंठ पल-भर को थरथराया था

तुमने पेड़ पर एक निशान बनाया
फिर ठीक वहीं एक चोट दाग़ी
प्रेम में निशानचियों का हुनर पैबस्त था

तुमने कहा प्रेम करना अभ्यास है
मैंने सारी शिकायतें अरब सागर में बहा दीं

धरती को हिचकी आती है
जल से भरा लोटा है आकाश
वह एक-एक कर सारे नाम लेती है
मुझे भूल जाती है
मैं इतना पास था कि कोई यक़ीन ही नहीं कर सकता
जो इतना पास हो वह भी याद कर सकता है

स्वाँग किसी अंग का नाम नहीं

आषाढ़ पानी का घूँट है
छाती में उगा ठसका है पूस

नीली अनुगूँज

हर ओट का इस्तेमाल छिपने के लिए किया
यह देह भी महज़ छिपने की एक जगह है
खिड़कियों ने दीवारों में रहना छोड़ दिया है
अलमारी में किताबें शरणार्थियों की तरह हैं

तुमने साँपों को मारे डर के मारा
तुम्हारा भय निर्दोषों को भयभीत करता है

तुम्हारे हाथ पर उभरीं नीली नसें
तुमसे टकराकर न लौट पाईं आसमान की आवाज़ें हैं
तुम नीली अनुगूँजों से बुने गए हो

प्रहसन

जब भी जल गिरता है
खिड़की के पल्ले मेरा स्पर्श पाते हैं

मैं सारी यात्राओं का नामकरण विराम करता हूँ

हर सुबह उठकर मन को खोदता हूँ
उपेक्षा के पौधे क्यारी में उगते हैं

मैं अपने इंजन से कभी यह नहीं कहता
जब तुम शंटिंग करते हो
धक्का लगने से मैं अपनी जगह से हिल जाता हूँ

प्रेमियों और पतियों और पिताओं ने नफ़रत की मुझसे
उनकी स्त्रियों ने उनसे नज़रें चुराईं
अन्त में सभी के हँसने की आवाज़ आई
जीवन एक प्रहसन है
चलो, यह भी अब ख़त्म हुआ

सतह पर काई नहीं
बेतरतीब तैरता मौन है मेरा
आँसू आँख की मुस्कान हैं

निविद

[पुराना ड्राफ्ट]

हमने साथ चलना शुरू किया था
हमने साथ रहना शुरू किया था
धीरे-धीरे मैं अलग होता चला गया
एक कमरा मैंने ऐसा बना लिया है
जहाँ अब किसी का भी प्रवेश निषिद्ध है
जो भी इसे पढ़े, कृपया इसे आरोप न माने
यह महज़ एक आत्म-स्वीकृति है

उससे दूर रहो जिसमें हीनभावना होती है
तुम उसकी हीनता को दूर नहीं कर पाओगे
ख़ुद को श्रेष्ठ बताने के चक्कर में वह रोज़ तुम्हारी हत्या करेगा

मैं समंदर के भीतर से जन्मा हूँ
लेकिन मुझे सी-फूड वाले शो-केस में मत रखना
बुरादे में बदले दूध की तरह रहूँगा तुम्हारी अलमारी में
जब जी चाहे घोलकर पी जाना

द्रव में बदला हुआ प्रकाश हूँ
तुम्हारी नाभि मेरे होने के द्रव से भरी है
मैं सूखकर कस्तूरी बन गया

साँस की धुन पर गाती है मेरी आत्मा
मेरा हृदय घड़ी है स्पंदन तुम्हारे प्रेम की टिक-टॉक
तुम्हारे बालों की सबसे उलझी लट हूँ
जितना खिंचूँगा उतना दुखूँगा

इस देश के भीतर वह देश हूँ मैं जो हज़ारों साल पहले खो गया
इस देह के भीतर वह देह हूँ मैं जो हर अस्थि-कास्थि को खा गया

तुम जागती हो निविद जागता है
तुम दोनों के साथ सारे देव जागते हैं

रात-भर चूमता रहा तुम्हारी पलकों को नींद के होंठों से
रात-भर तुम्हारी हथेली पर रेखता रहा
सिलवटों से भरा है तुम्हारी आँख का पानी
फेंके हुए सारे कंकड़ अब वापस लेता हूँ

निविद*

[नया ड्राफ्ट]

मेरी कविताएँ किसी राजनीतिक विवाद की पैदाइश नहीं
इनमें बस मनुष्य होने के संघर्ष का इतिहास
जो सिर्फ़ रणभूमि में नहीं होता
अकेले बैठे मन के भीतर भी चलता है
अचानक एक बुरा विचार हमला कर देता है
वह जीत गया तो तुम थोड़ा कम मनुष्य बच पाते

हमने साथ चलना शुरू किया था
हमने साथ रहना शुरू किया था
धीरे-धीरे मैं अलग होता चला गया
एक कमरा मैंने ऐसा बना लिया है
जहाँ अब किसी का भी प्रवेश निषिद्ध है
जो भी इसे पढ़े, कृपया इसे आरोप न माने
यह महज़ एक आत्म-स्वीकृति है

एक दिन हमारी आत्मा
विस्मृति की नदी में डुबकी लगाती है
उसे मौक़ा मिलता है कि वह चुन सके
उसे क्या बनना है

प्लेटो की किताब में
अगामेमनॉन ने बाज़ बनना चुना
ऑर्फियस ने चुना हंस बनना
ओडिसस ने चुना ऐसा एक उदार मनुष्य बनना
जो ज़रा-सा भी मशहूर न हो

गुमनामी उसके उन गुणों को बचा लेगी
जिन्हें वह योद्धा के जन्म में कभी बचा न पाया

मैं ओडिसस जैसा विजेता नहीं
मैं ओडिसस जैसा पराजित भी नहीं
लेकिन उसकी इच्छा
बिलकुल मेरी इच्छा है

एक जन्म में मैं चूहा था
मुझसे एक साँप ने अपना पेट भरा
मैं हाथी था
मेरे दाँतों ने एक बहेलिये को धनवान बनाया
मैं एक पत्ती था
जो दो चिड़ियों के लड़ने से टूट गई
एक पेड़ था
जिसकी छाँह में प्रेमियों ने अभिसार किया
एक बार मैं एक रस्सी था
जिस पर अपनी बेटी के साथ एक नट कुशलता से चलता था
एक बार एक स्वप्न
जिसे कई बीमार लोगों ने देखा और
पीड़ा के बीच मुस्कराए

उससे दूर रहो जिसमें हीनभावना होती है
तुम उसकी हीनता को दूर नहीं कर पाओगे
ख़ुद को श्रेष्ठ बताने के चक्कर में
वह रोज़ तुम्हारी हत्या करेगा

एक जन्म में मैं कालिदास था
मैंने विद्योत्तमा और काव्य को एक जितना चाहा
मैं प्रेम में मूर्खता और छन्दों में मन्दाक्रांता था

जो कीलें जीसस को चुभी थीं
मैं उनमें से एक कील था
अगले कई जन्मों तक मेरी देह में लोहा कम रहा

सिलवटों से भरा है तुम्हारी आँख का पानी
फेंके गए सारे कंकड़ अब वापस लेता हूँ

मुझमें इतना प्रायश्चित्त रहा कि
एक जन्म में मैं वह शब्द बन गया
जिसे सैकड़ों कवियों ने अपने पहले ड्राफ्ट में लिखा
दूसरे में काट दिया

मैं समंदर के भीतर से जन्मा हूँ
लेकिन मुझे सी-फूड वाले शो-केस में मत रखना

एक जन्म में मैंने बिआट्रिस को देखा था
और अगले जन्म में दान्ते बनकर मैं उसके प्रेम में पड़ गया
एक साधारण किसान बनकर एक जन्म में मैंने
वासवदत्ता को चूमा था
अगले जन्म में मैं एक अल्पजीवी प्रेम कविता बन गया

द्रव में बदला हुआ प्रकाश हूँ
तुम्हारी नाभि मेरे होने के द्रव से भरी है
मैं सूखकर कस्तूरी बन गया

एक बार मेरी आत्मा के दो टुकड़े हो गए
मैं बुद्ध बनकर जन्मा
मैं ही देवदत्त बनकर
एक बार एक ऐसा ग्रामदेवता
जो भक्तों से दुखी हो गाँव के बाहर रहने लगा
एक बार एक ऐसा प्रेमी
जो पिया-मिलन की आस में
अपनी आँखें तो बचाए रहा
पर विरह के दुख में बाक़ी शरीर काट-काट कौओं को खिलाता रहा

तुम्हारे बालों की सबसे उलझी लट हूँ
जितना खिंचूँगा उतना दुखूँगा

मैं ही विमलनेत्र था जिसने मृगरूपा की हत्या कर
एक बुद्ध के घर में छिपा दी थी लाश
मैं वह कर्मा हूँ जो दो जन्मों के बीच ऐसे यात्रा करता
जैसे दो स्टेशनों के बीच कोई ट्रेन

मैं होमर, वर्जिल, वसुबन्धु, अश्वघोष, कुमारजीव,
दारियो, ओविड, कुरुक्षेत्र का एक अनजान सिपाही,
बलुआ पत्थर, आम का पेड़, माधवी का फूल, नगरवधू, नैषध का श्रीहर्ष
सीप का मोती, मीठे पानी की मछली, इमारतों का ज़ीना, दिद्दा रानी का प्रेमी,
अकबर के हाथों मरा चीता और जहाँगीर द्वारा लटकाया गया घंटा बना
मैंने ख़ुसरो, मीर, ग़ालिब, नेरूदा और बोर्हेस का जन्म लिया
सबसे उदास कविताएँ और भूलभुलैया से भरे गद्य
उनके नाम से मैंने ही लिखे थे
बोर्हेस बनकर मैं खोया और तलाशना शुरू किया
काफ़्का बनकर मैंने तलाश शुरू की और खो गया
कपिलवस्तु की पीड़ाओं को मैंने प्राग की सड़कों पर टहलता पाया
तहख़ानों के अँधेरों को बग़ीचों में बिखरता देखा

कई बार मृत्यु से पहले ही मेरा पुनर्भव हुआ
पुनर्भव के बाद भी पिछली देहें नहीं छोड़ीं कई बार

357 बार मैं मनुष्य बना
66 बार देवता
123 बार मैंने पशुओं के रूप में जन्म लिया
मैं सृष्टि की हर योनि में हो आया
सदियों तक फैला यह सारा प्रयास
मनुष्य के रूप में बचे रहने की तैयारी, अभ्यास

तुम जागती हो निविद जागता है
तुम दोनों के साथ सारे देव जागते हैं
एक निविद गाओ

युगों लम्बी स्मृतियाँ जगा दो
मैं निविद करता अपनी जन्मों पुरानी आत्मा*

इस जीवन में इस कविता में
उन सबकी स्मृति जारी है
मुझे किसी का आभार जताने की ज़रूरत नहीं
क्योंकि वह सब मैं ख़ुद ही था
उनकी सब बातों पर मेरा उतना ही अधिकार

हर जन्म मेरा सामूहिक इतिहास है
जो कि सम्राटों की नहीं
मेरी कविताओं की वंशावली है

मैं एक जन्म की एकलता नहीं
इसी देह में बहुत सारे जन्मों की बहुल उपस्थिति हूँ
स्मृति में स्मित हूँ
विस्मृति में विस्मित हूँ

---

* निविद : ऋग्वेद (06 : 67) में निविद उन मंत्रों को कहा गया है, जिनके उच्चारण से देवता जाग जाते हैं। शब्द का अर्थ है ख़ुद को देना, समर्पित करना। निवेदन और नैवेद्य इसी से बना। 2011 में कुछ ही दिनों के अन्तराल में यह कविता दो अलग-अलग बार लिखी गई, दोनों निहायत अलग-अलग ड्राफ़्ट। पहला ड्राफ़्ट मैंने पत्रिकाओं में प्रकाशित कराया, किन्तु यह दूसरा ड्राफ़्ट संग्रह के लिए एक्सक्लूसिव रोक लिया था।

पर्णवृंत

मेरे मौन में तुम भाप की तरह निकलती हो मेरे मुँह से
सुबह का सारा कोहरा इसलिए बना है
कि मौन रहकर मैं तुम्हारा नाम उच्चारता हूँ

अलस्सुबह इस जगह कोई नहीं है
सड़क किनारे जमे पानी में मैं कोई नहीं बनकर झाँकता हूँ
सड़क तुम्हारी विलंबित हाँ है जो वहाँ से नहीं शुरू होती जहाँ मैं खड़ा हूँ

मैं वहीं ख़त्म होता हूँ जहाँ तुम खड़ी हो

शिव की जटा से गिरने के बाद मैंने गंगा को अपनी हथेली पर रोपा था
नदी रेखा बनकर मेरी हथेली पर दौड़ती है

दो पहाड़ियों के बीच तुम्हारे केश की इकलौती लट तुम्हारा वृक्ष है

मैं तुम्हारी कार को दूर से पहचान लेता हूँ
तुम मेरी बग़ल से मुझे खोजती गुज़र जाती हो ग़ाफ़िल
शिव के शाप के बाद से अनंग हूँ मैं
मुझे हमेशा अपनी उपस्थिति का अहसास ख़ुद कराना पड़ता है

एक सुबह हमारे पास बहुत समय था
तुम रात के बचे खाने की तरह मुझे सँजो देना चाहती थीं
हम एक पत्ती पर देर तक टहलते रहे
तब से तुम्हारे तलवों का रंग हरा हो गया

तुमने कहा तुम्हारा मन अब से तुम्हारे तलवों में रहेगा

यह भी कि मुझे सबसे पहले तुम्हारा मन चूमना था
लौटते समय मैंने मुड़कर देखा था तुम्हें रिवायत के मुताबिक़

कुछ दरवाज़े हमेशा भीतर की तरफ़ खुलते हैं

मेरे भीतर शुक्र कभी अस्त नहीं होता
शौर्य का मंगल बहुत दूर उगता है मुझसे
अन्तरिक्ष अन्धकार का काढ़ा है
तुम यहाँ हो प्रकाश का पर्णवृंत बनकर

कोई ज़रूरी नहीं कि क़लम ही लिखा करे काग़ज़ पर
तुम वह पढ़ना जो काग़ज़ लिखा करते हैं क़लमों पर
ऐसे तुम इन्तज़ार और सियाही का सम्बन्ध समझ जाओगी

तुम्हारी देह पर नक्षत्र की नौकाएँ तिरेंगी
तुम्हारा बढ़ा हुआ हाथ एक मछली है
मेरे विचार का पानी साँस लेता है उससे

मैं तुम्हारी देह ब्रेल लिपि में पढ़ता हूँ

असंबद्ध संगति

प्रागैतिहास की कल्पना
यानी मनुष्य की कितनी प्रजातियाँ खो गईं
उनके कुरूप की कल्पना

मेरी नींद की तुरपाई सपने करते हैं
मैं उधड़ी तुरपाई वाली पतलून पहनता हूँ
तुम उम्र में बड़ी हो इसका रुआब उसी तरह है
जैसे कल मिले अंकल इस रुआब में थे
कि वह धन में मुझसे बड़े हैं

मैं ख़ुद के सिवाय किसी से छोटा नहीं रहा कभी किसी से बड़ा भी नहीं
सिवाय ख़ुद के मैं

आशीष देने का इतना ही मूड है तो देना
कि जो दिन-भर झेला किया वे मेरे सपनों में न आएँ
इस तरह मेरे सुख का संसार बचा रहे
इसमें यक़ीनन तुम्हारा भी योगदान है

नींद एक यात्रा है और सपने पड़ाव
सारे पड़ावों को अपनी बरौनियों से बाँध
जाग की य़ात्रा पर निकल पड़तीं तुम अथक
मैं पेट के बल लेटा एक पल था महज़

सबकुछ असंगत है असंबद्ध
जैसे तुम्हारे प्रति मेरा प्रेम एक असंबद्ध संगति है
किसे पता था बरसों तक कि हम प्रेम कर लेंगे एक रोज़

जबकि एक ही धरातल काँपता था हमारी ठुमक से तब भी

संगति एक भावनात्मक तर्क है
जैसे पेंसिल के भीतर का ग्रेफाइट अपनी लकड़ी के साथ
सुरक्षा की स्वीकृत संगति में रहता है
उससे निकले शब्द उससे बनी लकीरें किसी को असंगत क्यों नहीं लगते

तुम्हारा दिल तुम्हारी जाँघ में होता
या मेरा दिल किसी चिड़िया में छिपा हुआ
तो भी उसकी एक संगति तुम ज़रूर बना लेतीं
जब भी मैं तुम्हें याद करता
पृथ्वी पर कोई चिड़िया ज़रूर चहचहाती
तुम्हारी जाँघ दिन में जाने कितनी बार फड़फड़ाती

मैं जानता हूँ सत्य की बात कहकर कह-कहकर लगातार झूठ बोला गया है
जो नहीं है
जो-जो नहीं है
सत्य है

उस आत्मा का क्या अर्थ
जो अपनी उपस्थिति बताने के लिए देह की मोहताज हो
जीवन के शुक्लपक्ष को बहुत ग़ौर से देखना
कृष्णपक्ष का उसके साथ कोई रंगभेद नहीं

किसी-किसी दिन तो मुझे अपनी मातृभाषा भी समझ में नहीं आती

गमन

जो कू-ए-यार से निकले
तो सू-ए-दार चले
—फ़ैज़ अहमद फ़ैज़

तुम गुब्बारा हो
मैं तुममें हवा भरता हूँ
तुम मुझसे दूर उड़ जाती हो

मैं ईश्वर का खिलौना हूँ तुम्हारा भी
जितना तपती है किनारे की रेत
बीच धार की बूँदें उतनी ही शीतल होती हैं

समन्दर अपने भीतर जितनी रेत रखता है उतनी ही लहरें भी

जितनी रातें तुम जागकर बिताते हो
वे सब-की-सब
तुम्हारी आँखों के नीचे इकट्ठा हो जाती हैं

जीवन का सारा पीला कविता में आकर लाल हो जाता है
भूगर्भ लिखता है मेरी कविता
जंगल सुन्दर कविताओं की प्रतिध्वनि हैं
बहुत तेज़ी से काटे जा रहे हैं जंगल

एक सुबह उठकर मैंने एक पेड़ उखाड़ दिया
उस ज़मीन की छाँव की आदत छूट नहीं रही

पानी वृत्ताकार है : जिस जगह से चला है, कभी न कभी वहाँ ज़रूर लौटकर आता है : अगर वह जगह नष्ट हो जाए, तो उस जगह को देखने वाली आँखों में लौटकर आता है

मेरी छत से एक हाथ ऊपर बैठी है बारिश
किसी को मनाना बिना ठहरे बरस जाने का हुनर है

पृथ्वी पर मैं चलता हूँ
मुझे अपनी गोद में लिये पृथ्वी चलती है
मैं चल-चलकर कहीं तो भी पहुँचता हूँ
पृथ्वी मुझसे ज़्यादा चलती है और कहीं नहीं पहुँचती
इस तरह इतना चल-चलकर भी
अन्ततः मैं कहीं नहीं पहुँचता

वृहत्तर रूप से मैं ठहरा हुआ हूँ
ख़ुद के और पृथ्वी के लगातार चलते चले जाने के बाद भी

एक भावनात्मक भय मेरी कानी उँगली की अँगूठी है

पूरा जीवन दोहराव है : तुम सिर्फ़ एक दिन जीते हो, सिर्फ़ पहले दिन : बाक़ी सारे दिन उस पहले दिन के जीने का दोहराव हैं : और पहला क्या है : वह भी पहले से पहले का दोहराव है :

जीवन में सबसे ज़्यादा बार हम साँस लेते हैं, तो क्या साँस लेने को तुम मेरे जीवन का क्लीशे कह दोगे?

शब्द कच्चा दूध था तुम्हारी इच्छाएँ शहद
इन दोनों से तुम मेरे चेहरे के दाग़ धोना चाहती थीं
कई बार प्रतीक्षा भी आवेग का मर्दन कर देती है

मौन एक शिकारी घूँघट है

मेरी उत्सुकताओं को उकसाता हुआ
दिन तुम्हारी देह की यष्टि है
रात तुम्हारे साथ का अनुच्छेद
एक दिन अलार्म से ठीक पहले यह घड़ी बंद पड़ जाएगी

मैं चलते-चलते पृथ्वी की कगार पर पहुँच जाऊँगा
एक क़दम बढ़ाऊँगा अनन्त में गिर जाऊँगा

आशंका कई बार अनुरोध का रूप धर लेती है

जैसे बाइबल में जीसस ने तीन अलग-अलग मौक़ों पर कहा था : मुझे पता है, मेरे साथ छल किया जाएगा : यह उनकी आशंका थी : जूडस ने शायद इसे अनुरोध या आज्ञा मान लिया

उच्चारण

शब्दकोश के भीतर शब्द सबसे ज़्यादा दुर्बल होते हैं
क़रीब बैठे दो शब्द भी अपना अर्थ एक-दूसरे तक नहीं भेज पाते
हज़ार पेज का शब्दकोश कभी एक पूरा वाक्य भी ख़ुद से नहीं बना सकता

ख़ुद से कुछ भी कर लेना ताक़त का प्रतीक
सिर्फ़ मूर्खों के लिए होता है
बिस्तुइया पानी में तैरेगी
तो मछली नहीं बन जाएगी

अगर ख़ुद ही सबकुछ होता तो तुम प्रेम भी ख़ुद-ब-ख़ुद कर लेतीं
अकेले ही कर लेतीं अपनी नसों की कैलीग्राफ़ी

इंद्रधनुष बारिश का वाद्ययंत्र है
संगीत सिर्फ़ अबाधित ध्वनियों का गुच्छा नहीं है
हवा एक बहुत बड़ा कैनवास है
जिस पर सुर किसी कूची की तरह चलते हैं

अपना बनाया हुआ चित्र ख़ुद तुम्हें नहीं दिखता

हर अनुवाद में एक गुमशुदा चेहरा होता है
जिसके मिल जाने पर इनाम का प्रस्ताव भी नहीं होता
अगर अपना अनुवाद मैं स्थापत्य में करूँ
तो पुल जैसा दिखूँगा
जिस पर सिर्फ़ वही लोग चलते हैं
जिन्हें एक से दूसरी जगह जाना होता है

सुनो, सफ़ेद का अर्थ हमेशा मातम ही नहीं होता
कई रातें मुझ तक सफ़ेद कपड़े पहनकर आई हैं
एक बारिश ऐसी भी होगी जिसकी छाँव में तुम ख़ूब भीगोगी
बाक़सम तुम्हें तब बुख़ार भी नहीं आएगा

तुम हर रोज़ थोड़ा-थोड़ा भूलती जाती हो
मैं तुम्हारी स्मृति का पहरुआ हूँ
मौन का उच्चारण मौन का वध है
वधस्थल में मोहक उद्यान आखेट का अनुषंग है

जीवन की किताब टाइपिंग की ग़लतियों से भरी पड़ी है

मिरिख़

कुछ जगहें मेरी तरफ़ बहुत करुणा से देखती हैं

वे हमेशा बुलाती रहीं मुझे
उन तक पहुँचने के श्रम में मैं बीच राह थककर बैठ गया
वे जगहें पछताती हैं कि वे मुझसे इतना दूर क्यों हैं
पछतावा ऐसी थकान है जिसमें कोई गति नहीं होती

गति होती तो जगहें ख़ुद चलकर आ जातीं मेरे पास

इस जगह बहुत सारे प्रेमी बैठते हैं
अपने जीवन से थक चुका एक बूढ़ा
यहाँ कभी नहीं आया
उसका एक ख़ास सपना
उसकी नींद से निकल
आधी रात यहाँ तफ़रीह करता है

मुझे दूसरों की पराजय को उनकी विजय में बदल देने का शौक़ है
शौक़ पालना विलासिता है विलास का एक अर्थ अवसाद भी है

वह स्वप्न,
वह किसी और की नींद का साथी था
शायद उससे नाराज़ हुआ
और उसकी नींद से दोस्ती तोड़
अनजान पथ पर भटकने लगा
रात जब उसे ठंड लगी
तो हड़बड़ा कर मेरी नींद में घुस आया

तुम शुक्र ग्रह से आई हवा हो
एक दिन वहीं लौट जाओगी
मेरे साथ जितना चैन से हो
वहाँ उतनी ही बेचैनी से सरसराओगी

चैन के ठूँठ पर हरी लता का हिंडोला है पछतावा

उस स्वप्न को मेरी नींद पर
लेटने की आदत नहीं थी
पहले वह परेशान हुआ,
फिर उथल-पुथल मचा दी
अपनी पुरानी नींद की याद में
मेरे भीतर भटकता है

एक पीर ने मिरिख़ नाम के एक सितारे को
पूरे नगर पर वज्र की तरह गिरने को कहा था
राजा का दोष था प्रजा नगर समेत नष्ट हुई
फिर बसी तो नगरी झूँसी कहलाई

मैंने अपनी कविताएँ
समन्दर में फेंक दीं
काग़ज़ गल गया
कविताएँ तैर रहीं
तलहटी में नन्ही मछलियों के साथ

सितारों के इतना क़रीब मत जाओ उनकी अग्नि रंग बदलने में माहिर है
सारे स्वप्न अपने ही सितारों से झुलसते हैं
टिमटिमाते सितारों को इतनी मुहब्बत से न देखो
उन पर किसी पीर की हुकूमत चलती है

झुलसी हुई नगरियाँ मुझे मिरिख़ समझती हैं
जबकि सितारे आसमान के चमकते पछतावे हैं

वे नन्ही मछलियाँ
मर चुके मेरे प्रिय कवियों की
फेंकी हुई कविताएँ हैं

जीसस की कीलें

तुम्हारी तीसरी आँख की बरौनी टूटकर तुम्हारी तीसरी आँख के पानी में तैर रही है

स्याही से दीर्घजीवी होते हैं उकेरकर लिखे गए शब्द
आत्मा की भुजा पर बना गोदना तुम्हारा आकार है
पेड़ पर उगे पत्ते चिड़िया के गीत हैं

इन दिनों कोई चिड़िया तुम्हारे पेड़ पर नहीं बैठती
और मैंने भी तुम्हें ख़त लिखना बंद कर दिया है

तुमसे दूरी तुमसे मोह है
मोहित मैं प्रागैतिहास में रहता हूँ
अकेला लेटा सँकरी एक गुफ़ा में उँगलियों से खुरचकर भित्तिचित्र बनाता हूँ

पुरातत्त्व की शौक़ीन तुम अपनी लाइब्रेरी में जिस खुरच को सराहती हो
उसमें मेरे घिसे हुए नाख़ूनों का बुरादा भी है

लोकल ट्रेन की चौथी सीट की तरह अँड़सा हुआ हूँ तुम्हारी स्मृति में
जो बीत गया वह भूत है मेरे सपनों में भूतों का डेरा है

कुछ देर के लिए किसी पुराण में चला जाऊँ ले आऊँ वह क्षुरप्र बाण जो
सौ चंद्रों वाली क्रूरता की ढाल और तुम्हारी उपेक्षा की तलवार
सबको एक वार में चीरकर रख दे

मैं भय का आराधक हूँ
शक्ति भी भय देती है जो जितना शक्तिशाली वह उतना भयभीत है

मैं कालिदास की उपमा हूँ
भारवि का अर्थ-गौरव दंडी का पद-लालित्य
मैं माघ की कविता हूँ सोलह कला सम्पूर्ण

मुझे चूमो नख से चूमो शिख तक चूमो आदि से चूमो अन्त तक चूमो
मैं सादि हूँ सांत हूँ सो अनन्त तक नहीं करनी होगी तुम्हें कोशिश
इसी देह में कहीं मेरे खुलने की कुंजी है
हर अंग चूमो हर कोई चूमो
एक सच्चा चुम्बन पर्याप्त है मुझे खोल देने के लिए

पर ऐन सही जगह पर सच्चा चुम्बन अत्यंत दुर्लभ घटना है

जीसस को चुभी कीलें टीस के पौधों के रूप में उगती हैं

रक्त की धार हरी लताओं की तरह
मुझ पर लिपटती ऊपर चढ़ती है

मंत्रोच्चार

तुम्हारा नाम तुम्हारी उपस्थिति के पाठ का शीर्षक है

नींद के पहले स्वप्न होते हैं
सो जाने के बाद किसी स्वप्न का कोई अर्थ नहीं
हमारे भीतर का अँधेरा हमारी कंखौरी तले चिपका होता है
किसी-किसी रात हम जुगनू भी नहीं होते

फाउंटेन पेन को मैं साध नहीं पाता
दस मिनट खुला रख दो तो सूख जाती है स्याही
मित्रों जैसी एक निब सूखकर
शत्रुओं की तरह
काग़ज़ से रगड़ खाती
थोड़ा ज़ोर से हिल जाए अगर जेब के ही भीतर
तो वैसे ही छलकती
जैसे कड़वी रातों को तुम्हारे आँसू छलके थे

कोई कपड़ा देह को दाग़ से नहीं बचा पाता
कोई देह आत्मा को खुरच से नहीं बचा पाती

इससे बुरा क्या
अगर आँख की पुतली ही आँख की किरकिरी बन जाए
कुछ नदियाँ ताउम्र ज़मीन के नीचे ही बहती हैं

तुममें विसर्जन तुम्हारा सर्जन है

तुम पूरी थीं तुममें से टूटकर निकला मैं

मैं भी पूरा हूँ बिल्कुल, अधूरा नहीं
देखो, टूटने से भी पूरा हो सकते हैं हम

हम हमेशा उसी से प्रेम करते हैं
हम जिसके बस के नहीं होते

शालीनता अतिभंगुर है
नूह, अपनी नौका में तुम रोज़ उसे रखना

दुख का शौर्य रणभूमि से बाहर खड़ा होता है

घास दृश्य पर टँका हरा फ़ुटनोट है
अनुपस्थिति जीवन में घास की तरह उगती है असीमित

नए निष्कर्षों को पुराने ब्रह्मसत्यों में सीमित कर देना
यात्राओं की सरासर अवहेलना है
फूहड़ मंत्रोच्चार है

अपूर्णता

कविता पीड़ा की इबारत है पीड़ा की इमारत का ध्वंस करती
हवा के चलने पर हिलते हैं पेड़
इमारतों का दोष है अपने हिलने को छुपा ले जाना

अडिग का मन एक दिन डिगने को करता है
जब उसके डिगने की उम्मीदें तमाम हो चुकी होती हैं

मूर्ख अपनी श्रेष्ठताओं की ऐसी व्याख्या करते हैं कि
आपको श्रेष्ठताओं से उबकाई आ जाती है

महापुरुषों और महान कृतियों से ज़्यादा दुर्भाग्य किसका होगा
ये महान असफलताएँ हैं महान स्वप्नों से भरी हुई
इनका एक भी सपना ठीक वैसे ही कभी पूरा नहीं हो पाया

शेर शिकार करता है
लकड़बग्घे मांस चुराते हैं फिर शिकायत करते हैं

भाषा के भीतर शिकार और शिकायत में कोई रिश्तेदारी नहीं

तुम आँख मूँदे मेरी प्रतीक्षा कर रही हो
तुम्हारे और मेरे बीच एक ही बाधा है वह है मेरी दृष्टि
उसको पार करने में मैं हर बार चूकता हूँ

पानी से भरा मश्क अपनी पीठ पर टाँग एक व्यक्ति
अपनी प्यास की तलाश में भटकता फिरता है

मुस्कुराता अभिवादन करता
मैं जीवन का अभ्यास करता हूँ
सारा का सारा जीवन
जीवन की तैयारी है

मेरे जीवन से मुझे निकाल दो वह सम्पूर्ण हो जाएगा
मैं अपने जीवन की अपूर्णता हूँ

उल्का

एक औरत प्लेटफॉर्म पर चीख़ती हुई गुज़रती है
वह फ़ोन पर जिससे बात कर रही उसे मार डालना चाहती है
उसे मारकर फिर से नया बना देना चाहती है
ताकि अगली बार उसे फ़ोन पर ही मारकर
नया बना देने की इच्छा का जन्म ही न हो
उसे जो दिया गया उससे वह नाख़ुश है
अपने लिए अपनी तरह से अपना
रचना चाहती है

यह पूरा संसार ईश्वरत्व की आकांक्षा का सन्ताप है

रचनाएँ कभी नहीं जान सकतीं
रचयिताओं के क्षोभ को
वे जाने किस आकाशगंगा के किस ग्रह के किस वन में
प्रायश्चित्त के वज्रासन में कंकाल हो रहे

कविताओं पर यक़ीन करो
कवियों को भूल जाओ

सत्य और कुछ नहीं महज़ भाषा का खेल है
तीन शब्दों का स्थान बदल दें
तो एक सच्चा वाक्य, एक झूठे वाक्य में तब्दील हो जाएगा

व्याकरण सही हो, कोई ज़रूरी नहीं लेकिन
उपसर्ग पर जितना ध्यान दोगे
तुम्हारे प्रत्यय उतने सही होंगे

देखो, जो जल तुम तक आ रहा दरअसल वह जल है ही नहीं
तुम पानी से बनी लता हो
और सृष्टि की विनम्र असफलता हो
ज़मीन से हो रही बारिश की तरह जो आसमानों तक कभी पहुँच नहीं पाती

प्रेम तुम्हारी नाभि से उगा कमल है
रचने का क्षण वहाँ पद्मासन में बैठा है
विराग के राग में जो भी तपेगा
तीसरी आँख उसी के माथे पर उगेगी

जब-जब हम नहीं दिखते, इसी तीसरी आँख से टपकते हैं
स्मृति के ग्रहों पर उल्का बनकर गिरते हैं
हमारे गिरने से बनते हैं गड्ढे
जिनमें जमा होता है बरसात का पानी

सुना है, कभी काग़ज़ से किश्तियाँ भी बनती थीं

नि:शब्द

आज एक नि:शब्द का उच्चारण करो

जिस शब्द से बनी थी यह सृष्टि
उसे बो दो अपने बग़ीचे में
कुछ दिनों में वह एक पौधा बन जाएगा
उसे अपनी दृष्टि से सींचना

मैं मेहनतकश विद्यार्थी हूँ तुम्हारे प्रेम का
हर वक़्त इम्तहानों की तैयारी में लगा हुआ
तुम्हारी ख़ामोशी के सीने पर
तिल की तरह उगे हैं मेरे कान

जिन पंक्तियों की मैंने प्रतीक्षा की
वे जमा हैं तुम्हारे होंठों की दरारों में
तुम्हारी मुस्कान
तुम्हारे होंठों में छिपी
अनकही बातों की दरबान है

किसी किताब के पन्ने पर
कोई बहुत धीरे-धीरे खेता है नाव
आधी रात तुम्हारे कमरे में गूँजता है
पानी का कोरस

तुम्हारी आँख के भीतर एक मछली
तैरना स्थगित करती है
तलहटी को घूरते हुए गाती है बेआवाज़

पानी कभी नया नहीं होता और प्रेम भी
फिर भी कुछ बूँदों को हम हमेशा ताज़ा कहते हैं

जब मन पर क़ाबू न हो
तो याद करना
कैसे तेज़ बारिश के बीच अपनी छतरी सँभालती थीं

कभी-कभी चिड़िया हवा में ऐसे उड़ती है
जैसे करामाती नटों के खेत से चुरा ले गई हो
अदृश्य डोर पर चलने का हुनर

जोगनों की तरह साधना करती हो
तुम पर आ-आ बैठती हैं तितलियाँ
जो दीमकें तुम पर मिट्टी का ढूह बनाती हैं
उन्हें तुम सितारों-सा सम्मान देती हो

तुम्हारे कमरे में एक बल्ब
दिन-रात जलता है

इस वक़्त तुम्हारे कमरे में होता
तो तुम्हारी आँखों के भीतर झाँकता
आँखें आत्मा की खिड़की हैं

इच्छा देह की सबसे ईमानदार कृति है*
देह इस जीवन का सबसे बड़ा संकट है

ऐसे चूमूँगा तुम्हें कि
तुम्हारा हर अनकहा पढ़ लूँगा
होंठ दरअसल मन की आँखें हैं

---

* यह जोरी ग्राहम की एक काव्य-पंक्ति है।

तीर

एक तीर में बदल जाएँ
छूटें, दूर तलक जाएँ
इतनी दूर कि लौटकर आने को न बोले कोई, न ही सोचे

किसी को चुभें तक नहीं
इस क़दर
कि हमारा तीर होना भी तमाम तीरों को अजनबी जैसा लगे

पीछे जीवन की प्रत्यंचा काँपती रहे
देर तक

चोरी

प्रेम इस तरह किया जाए
कि प्रेम शब्द का कभी ज़िक्र तक न हो

चूमा इस तरह जाए
कि होंठ हमेशा ग़फ़लत में रहें
तुमने चूमा
या मेरे ही निचले होंठ ने औचक ऊपरी को छू लिया

छुआ इस तरह जाए
कि मीलों दूर तुम्हारी त्वचा पर
हरे-हरे सपने उग आएँ

तुम्हारी देह के छज्जे के नीच
मुँहअँधेरे जलतरंग बजाएँ

रहा इस तरह जाए
कि नींद के भीतर एक मुस्कान
तुम्हारे चेहरे पर रहे

जब तुम आँख खोलो, वह भेस बदल ले

प्रेम इस तरह किया जाए
कि दुनिया का कारोबार चलता रहे
किसी को ख़बर तक न हो कि प्रेम हो गया

ख़ुद तुम्हें भी पता न चले

किसी को सुनाना अपने प्रेम की कहानी
तो कोई यक़ीन तक न करे

बचना प्रेमकथाओं का किरदार बनने से
वरना सब तुम्हारे प्रेम पर तरस खाएँगे

तृतीय सर्ग : *8 कविताएँ*

कवि अनमने के आँगन में रहता है

देखी तेरी कासी

हमारे भीतर का अँधेरा हमारी कंखौरियों तले छुपा होता है
किसी-किसी रात हम जुगनू भी नहीं होते
हवा की परछाईं काँपती है मेरे रोमों पर
मन-मैदान पर बेतरतीब उगी घास छँटने को अनमनी है

इच्छाएँ दुखों की पूर्वज हैं
सारे विचार दरअसल दुख के वंशज हैं
मुझे यह सिर्फ़ बुद्ध ने नहीं बताया
मेरे अपने जीवन ने भी जीवन ने तुम्हारे भी

मुस्कान क्या है धीरे-धीरे फैलती एक सीमित दूरी के सिवाय
चुंबन धीरे-धीरे गोल होती एक दूरी है

मिट्टी का स्वाद हर जगह बदलता
समन्दर का स्वाद हर जगह एक-सा रहता

भीतर जो शोर उठता है
डाकिया है अपनी साइकिल टिनटिनाता
मेघों को जल से भरने का दायित्व मुझ पर है
मैं कालिदास का एकमात्र वंशज

मैं महज़ कुछ
मानसिक अवस्थाओं का अनुक्रम

कोई तुमसे इतना प्रेम करेगा
कि प्रेम कर-करके तुम्हारा नुक़सान कर देगा
तुम कुछ कह भी नहीं पाओगे

हर आघात के बाद वह पूछेगा
तुम प्रेम में भी नफ़ा-नुक़सान देखते हो

एक दिन तुम वह बादल बन जाओगे जो ज़रा-से आघात से रो देता है

जीवन में क्रम का कोई महत्त्व नहीं
कई बार पहले हम बूढ़े होते हैं
फिर धीरे-धीरे बच्चा बनते जाते
जैसे सात साल पहले मैं
ज़्यादा परिपक्व था

एक मौन पेड़ मुझे देखता रहता है
चाहे कितना भी दूर क्यों न चला जाऊँ
इतिहास गवाह है
ज़ालिमों को अत्यंत समर्पित प्रेमिकाएँ मिलती हैं

यह दुनिया समुद्री जल है
पियोगे तो पचेगा नहीं
उल्टे, उल्टी कर दोगे

भाषा के भीतर छिपकर सोया होता है
ग़लत व्याख्याओं का देवता

यहाँ मैं कविता लिख रहा, इतिहास नहीं
इतिहास को कविता की तरह लिखना बुरी आदत
यह हमसे बेहतर
इस देश-भूमि से बेहतर भला कौन जान सकता

जो लिख गए वे तो खप गए
पाप बेचारी सन्ततियाँ ढोती हैं

सही हिज्जे जानने का अर्थ यह नहीं
कि ग़लती नहीं होगी
ग़लती होने का अर्थ हमेशा अज्ञान नहीं होता

लौटकर लेकिन
अपने वाक्यों को हम शुद्ध नहीं कर सकते
जीवन में सम्पादन की सुविधा नहीं मिलती

फिर भी एक दिन लौटूँगा मैं
जैसे ओडिसस, इथाका लौटा था
धरती से पैदा हुई सीता
धरती को लौट गई थी

अपना मौन तोड़ेगा पेड़
फ़िलहाल वह मेरे चलने की
भाषा का व्याकरण रच रहा

मैं नाभि से ब्रह्मा उगाने का उद्यम करता
किसी समन्दर में सोया हूँ

नींद, मृत्यु का दैनिक अभ्यास है

जा रे जमाना
देखी तेरी कासी
जहाँ मालिक तो हज़ार, लेकिन एक ही ख़लासी

मूल भाषा

हम एक ही भाषा बोलते हैं
पर अलग-अलग भाषा सुनते हैं
बोलने की भाषा सबकी एक ही
समझने की भाषा सबकी अलग हो जाती

जब वह कहता—
'लोग कहते हैं कि मैं चाय अच्छी बनाता हूँ'
तो इस वाक्य को एक अनुवादक की दरकार होती
जो मूल के साथ न्याय करे और
शब्दों का अर्थ खोजने की जगह इस वाक्य को बना दे—
'आओ, मेरे साथ चाय पी लो'

जब वह कहता—
'बरसात हुए कई दिन बीते'
तो यह वाक्य हो सकता—
'आज, कम-से-कम आज, सिर्फ़ दो घंटे तुम मुझसे
प्यार से बात कर लो
बातें जिनमें कोई गाली, शिकायत या ग़ुस्सा न हो
बातें जो तुम्हारे रोने और मेरे रोना रोकने पर न ख़त्म हों'

जब वह कहता—
'हुम्म'
तो वह हो सकता था—
'हाँ, मैं भी तुम्हारे बिना बेहद अकेला महसूस करता हूँ
उस दिन जब तुम चली गई थीं
मैंने आत्महत्या के पाँच विकल्पों पर विचार किया था'

वह अनकहे को ताक़तवर मानता था
उसे अनकहा ही छोड़ देने को सुन्दर
अनकहे का अर्थ जानने के लिए कविता को चार बार पढ़ा जा सकता
जीवन को नहीं

यह बोलने की मूल भाषा की ही नहीं
सुनने की मूल भाषा की भी नाकामी है

परन्तु
ऐसे अनुवाद हो न पाए
ज़रूरी होता है कई बार
अपनी भाषा से अपनी ही भाषा में अनुवाद :
एक अच्छा अनुवादक बना सकता है जीवन को कई गुना बेहतर

मूली

तमाम उम्र मैं एक मजलिस में रहा
जहाँ लोग आपस में बात तो करते

लेकिन सबके भीतर अकेलेपन का निजी अलाव जलता था
जिसकी आँच से ताप लेती थी आत्मा

सन्तरे छीलने की सुगंध जाने कहाँ से आ जाती
धरती कभी-कभी बेचैन दिलों की मानिन्द धड़क उठती

सारे विद्वान शंख बजा रहे थे
अपने-अपने वाद्ययंत्र बजा रहे थे

मेरे पास कोई वाद्ययंत्र नहीं था
सिर्फ़ एक मूली थी धवल, उज्ज्वल

मैंने मुँह से लगाया मूली को
और उसे बाँसुरी की तरह बजाया

जिन्हें सबने तज दिया था
कला की संभावनाओं से विरत मान

ठीक वहीं उपजाई मैंने कला
अपना संगीत मैंने ऐसे बजाया

मिर्ज़ा ग़ालिब के लिए

एक दिन सारी नज़्में चंचल गौरैयाओं की तरह उड़ जाती हैं
वैसे ही, जैसे पन्ने फड़फड़ाकर उड़ जाते हैं

ख़ला में तकते शायर की आँखों में
ख़ला का आख़िरी छोर दिखने लगता है

तुम पीछे जितने क़दम चलकर आए हो
अगले क़दमों के सारे निशान वैसे ही नहीं बनेंगे

मेरी पीठ की हड्डियों पर
अपनी छड़ी टेककर चलने वाले, ओ मिर्ज़ा,

जाने कितनी नस्लें
तेरे शब्दों के बीच शरण लेंगी

मेरी बरौनियाँ
तेरे शेरों से बनी हैं

त्रान आन्ह हुंग की फ़िल्मों के लिए

घर से बाहर एक जगह ऐसी भी होती है, जहाँ तुम उतनी ही बार जाते हो, जितनी बार घर जाते हो

तुम्हें हरे से प्रेम है, तुम हर दृश्य का हरे में अनुवाद करते हो
मुझे तुमसे प्रेम है, मैं हर दृश्य का तुममें अनुवाद करता हूँ
तुम्हारे अन्धत्व का रंग हरा है, मेरे अन्धत्व का रंग तुम

एक कवि है जो कि अपराधी है : एक अपराधी है जो कि कवि है : वह लगभग गूँगा है : गूँगापन एक लगभग है : पृष्ठभूमि में वह कविता पढ़ता है : अग्रभूमि में वह अपराध करता है : कविता को अपराध की तरह पढ़ता है : अपराध को कविता की तरह करता है : उसके होंठों पर सिगरेट चिपकी रहती है : वाक्यों का होंठों से कोई रिश्ता नहीं : जब कभी उसे रोना होता है, उसकी आँख से आँसू नहीं गिरता : उसकी नाक से ख़ून बहने लगता है :

दूर कहीं एक लोकगीत बजता है :
बेवजह गलियों में भटकता है कवि : पाता है कि वह रास्ता भूल गया है

मेरे बचपन की पतंग आसमान में लटकी भुरभुरी उम्मीद है

कवि अनमने के आँगन में रहता है : कविताएँ उसके अनमने की हरियाली हैं

वोंग कार-वाई की फ़िल्मों के लिए

एक दिन तुम एक अपरिचित पेड़ खोजना : थोड़ी देर उससे लिपट जाना : उसके किसी एक कोटर पर मुँह रखकर फुसफुसाना : इस तरह कि ख़ुद तुम्हें न सुनाई पड़े तुमने क्या कह दिया : तुम्हारा फुसफुसाता हुआ प्रेम : प्रायश्चित्त : अपराधबोध : पीड़ा : उद्विग्नता : यह सब : फिर उस छेद को गीली मिट्टी से ढँक देना : कोई तुम्हें समझ नहीं पाया यह तुम्हारे जीवन का सबसे बड़ा राज़ : यह राज़ तुम उसे भी नहीं बताते जो तुम्हें समझ नहीं पाया

पेड़ों में कोटरें क्यों होती हैं ? ताकि हमारे राज़ वहाँ छिप सकें और आवारा बच्चों की तरह मटरगश्ती न करें : खँडहरों की दीवारों में कोटर : पहाड़ों के किनारों पर कोटर : सब तुम्हारे राज़ की पनाहगाह :
तुम अब तक एक स्त्री की देह में बने कोटर में
अपने रहस्यों को स्खलित करते आए

पेड़ चाहे तो अपनी पत्तियों के रूप में उगा सकता है तुम्हारे रहस्य
सबसे घना पेड़ छिपाए रखता है सबसे ज़्यादा लोगों की बातें

मन, देह की भाषा बोलता है
जितना देह नहीं डोलती, उससे कहीं अधिक डोलता है मन
मैं इसलिए दौड़ता हूँ इतना कि शरीर का सारा नमक पसीने के रास्ते निकल जाए
तब आँख पर नमक का अतिरिक्त दबाव नहीं पड़ता
मन : टूटे हुए तारों का सितार
प्रेम के जलाशय में आधा पैर डुबोए बैठा जोगी

हृदय हमारी देह का सबसे भारी अंग है

वह कोशिकाओं से नहीं, अनुभूतियों से बनता है

पहाड़ भी अनुभूतियों से बनते हैं, इसलिए अपनी जगह से खिसकते नहीं : तोते दूसरों के शब्द दोहराते हैं, अपनी मृत्यु में वे चुप्पी की उँगली पकड़ प्रवेश करते हैं : एक टेपरिकॉर्डर में कैसेट बज रहा होता है : उसमें कोई सुबक रहा है : उसे कोई नहीं सुनता : सिवाय समन्दर के : समन्दर का सारा शोर ऐसी ही लावारिस सुबकियों का गुच्छा है : मैं समन्दर के सामने खड़ा हूँ : उसके विशाल शोर के बीच अपनी महीन-सी एक प्राचीन सुबक को रेशा-रेशा पहचानता हुआ

एक दिन हवा सबकुछ बहा ले जाती है
एक दिन समन्दर सबकुछ लील लेता है
एक दिन मिट्टी सबकुछ ढँक लेती है

वह अनिवार्यतः हृदय से भी भारी गीली मिट्टी होती है

नूरी बिल्गे जेलान की फ़िल्मों के लिए

उसने कहा था, जब सबसे ठंडी रात आएगी, तुम इस लैंपपोस्ट के नीचे आ जाना : यहाँ एक पत्थर है, तुम इस पर बैठ जाना : न भी बैठना, तो भी अपने मन को यहाँ ज़रूर बिठाले रखना

चारों ओर कोहरा होगा : तुम्हारी साँसें कोहरे के कैनवास पर ब्रश के स्ट्रोक्स की तरह होंगी : सबसे ठंडी रात में भी तुम अपने दस्ताने उतारोगी और अपने ठंडे हाथों से अपने पेट का स्पर्श करोगी : तुम्हारी नाभि के पास मेरी छुअन से बनी पेंटिंग्स होंगी : मेरे स्पर्श के चित्र को तुम ब्रेल लिपि में पढ़ोगी

तुम्हारे नाक की हिमभूमि पर सिहरन होगी

सबसे ठंडी रात साल में एक बार आएगी
हमारे जीवन की सबसे ठंडी रात जीवन में सिर्फ़ एक बार आएगी

मैं अपनी आँखें मूँदे यहाँ खड़ी हूँ
वादे के मुताबिक़ एक लैंपपोस्ट के नीचे
कोहरे के टुकड़े को हाथों से हटाकर
दूर तक देखने की कोशिश करती हुई
मेरे कपड़े ठंड से लड़ रहे हैं : उन पर जमा हो रहा गीलापन बेहद अनुभवी है : वह एक गीली आवाज़ में ही कहता है : मेरी मानो, घर लौट जाओ : अभी इससे भी ठंडी कई रातें आएँगी : गर्मास अभी क़र्ज़े पर चढ़ी हुई रहेगी

मुझे नहीं पता, कौन-सी रात सबसे ठंडी होगी
मैं सर्दियों की शुरुआत में ही यहाँ खड़ी हो जाती हूँ
मेरी देह तापमान मापने वाला यंत्र बन जाती है

सुनो, ऐसा लगता है, कोई इस तरफ़ आ रहा है

जो आ रहा है, वह भी कोहरा ही है

तुम इतनी दूर पहुँच चुकी हो,
स्मृति की दृष्टि से भी ओझल
कि अब तुम्हारा चेहरा नहीं पहचान सकता

तुम्हें सिर्फ़ एक चेहरे से याद भी नहीं कर सकता

इस तरह बनता है अतीत से हमारा रिश्ता
कि जिन चीज़ों को देख तुम्हारी याद आती है
वे चीज़ें तुम्हारे चले जाने के बाद
वजूद में आई थीं

बस एक रेखाचित्र है सर्द सुबह का
एक आकृति है बिंदुओं से बनी हुई
आज एक आँख है
बीता हुआ कल एक दृश्य
दोनों के बीच एक धुँधला-सा ध है

कोहरे का नक़ाब तुम पर फबता है

यासुजिरो ओज़ू की फ़िल्मों के लिए

अगर तुम एक देश बनाते, तो वह एक मौन देश होता : तुम्हारे रचे शब्दकोश मौन होते : तुमने कभी देवताओं के आगे हाथ नहीं जोड़ा : ताउम्र तुम एक दृश्य रचते रहे : उनमें तुम मानसिक आँसुओं की तरह अदृश्य रहे

अर्थ की हर तलाश अन्ततः एक व्यर्थ है : इस धरती पर जितने बुद्ध, जितने मसीहा आए, इस व्यर्थ को कुछ नए शब्दों में अभिव्यक्त कर गए : माँ की तरफ़ से मैं पीड़ा का वंशज हूँ : पिता की तरफ़ से अकेलेपन का : जब भी मैं घर की दहलीज़ लाँघता हूँ : मैं एकान्त का इतिहास लाँघता हूँ

गुप्त प्रेमी मरकर कहाँ जाते हैं ?
सड़क की तरफ़ खुलने वाली तुम्हारी खिड़की के सामने
लगे खंभे पर बल्ब बनकर चमकते हैं
उनके मर चुकने की ख़बर भी बहुत-बहुत दिनों तक नहीं मिल पाती

मृत्यु का स्मरण
तमाम अनैक्य का शमन करता है
मेरी आँखें मेरे घुटनों में लगी हैं
मैंने जीवन को हमेशा
विनम्रता से झुक कर देखा

थके क़दमों से एक बूढ़ा सड़क पर चला जा रहा
वह विघटित है
उसके विघटन का कोई अतीत मुझे नहीं पता
मैं उसके चलने की शैली को देख
उसके अतीत के विघटन की कल्पना करता हूँ

वह अपनी सज़ा काट चुका है
कोई फ़र्क़ नहीं पड़ता कि जज साहब उसे बाइज़्ज़त बरी कर दें

जो कहते हैं भविष्य दिखता नहीं, मैं उन पर यक़ीन नहीं करता
मैं अपने भविष्यों को सड़कों पर भटकता देखता हूँ
उसी तरह मेरे भविष्य
मुझे देख अपना अतीत जान लेते हैं

मैं वह शहर हूँ जिसकी वर्तनी व उच्चारण
बार-बार बदल देता
एक ताक़तवर राजा

यह मेरी देह का भूगोल है : मैं आईने के सामने जब भी निर्वस्त्र खड़ा होता हूँ, मुझे लगता है, मैं एक भौगोलिक असफलता हूँ

चतुर्थ सर्ग : *9 कविताएँ*

जब बर्दाश्त से बाहर हो जाएगी भूख
हम अपना भविष्य खा लेंगे

जाना सुना मेरा जाना

अर्थ बचा रहे इसके लिए ज़रूरी है कि लिपि में शब्दों के बीच दूरी बनी रहे

दोनों पैर एक साथ बढ़ाता हूँ तो गिर जाता हूँ उछलना पड़ता है इसके लिए
चल सकूँ अपने पैरों को बारी-बारी आगे बढ़ाता हूँ
सड़क से मुहब्बत का यह आलम है उसे चोट नहीं देना चाहता
फिर क्यों तुमको बार-बार सड़क मानने से कतराता

इस दुनिया में कोई चीज़ अगर हर वक़्त गर्भवती है तो
समय है वह क्या-क्या नहीं जन्म लेता यहाँ से हर समय
इतना विशाल गर्भाशय कि गर्भाशय का कैंसर हो गया तो कौन ठीक करेगा

जो था वह था ही नहीं रहता है भी हो जाता है
जो नहीं था वह भी है हो जाने को अकुलाता है

कुछ चीज़ों की वृद्धि उनके छोटे होते जाने में रही फिर भी
बिना पेंसिल उठाए हँसते चेहरे का चित्र बना लेने वालों के हुनर से हमेशा घबराया
इतिहास में ऐसे मौक़े ज़्यादा आए जब ग़लत चीज़ों पर एकमत रहा बहुमत; उन
मौक़ों पर मैं किस तरफ़ रहा ?
जिन लोगों के बीच रहा उनकी अपेक्षाएँ नहीं रहीं कभी बहुत ही
इसीलिए बहुत कुछ पाया भी नहीं उन्होंने कभी वे सब व्यवस्था के कारकून
बोले तो अव्यवस्था के मसीहा

इस जहाँ में जहाँ जहाँ जाना है उन्हें पाना है उस जहाँ में भी जहाँ जहाँ

मेरी नसों को नश्तरों से खोलेंगे फिर ख़ून में तैरेंगे ख़ून को खोजते हुए
फिर एक दिन कह देंगे ख़ून है नहीं रहा ही नहीं इन नसों में कभी

नसों की दीवारों पर बने चित्रों को आदिम गुफ़ाओं की परम्परा का कहेंगे
और वहाँ पर्यटन की सम्भावना पर बैठक होगी

मेरे शरीर में निएनडर्थल रहते हैं यह कितना दिलचस्प शोध होगा

बहुत अकेले छितराए हुए थे निएनडर्थल बिखरे हुए जब उनकी प्रजाति नष्ट हुई थी
वे इतिहास के सबसे कुरूप लोग थे शिकारी थे बावजूद योद्धा न थे
आकांक्षाएँ योद्धाओं को आकर्षित करतीं आकर्षित जो होते वे योद्धा बन जाते

आँसू के बिना कोई प्रार्थना लिखी ही नहीं गई इस दुनिया में

कम न हो आत्मबल मनोबल मुँह के बल गिरने पर भी
बल के मुँह को धो-पोंछ सँवार लेना
इतना बूढ़ा न होना कि ख़ुद को जवान न कह सकना
इतना सम्पन्न हमेशा रहना कि कुछ भी लुट जाने से डर न लगे
इतना निशफिकर भी कभी नहीं कि फ़क दिस वर्ल्ड विद योर मिडिल फिंगर

सुन्दरताएँ भी क्रूर होती हैं कई बार अनिवार्य रूप से क्रूर
उसके बाद भी वे सुन्दर होती हैं यह उनकी क्रूरता को थोड़ा कम करता है

सितारे आसमान में, अपनी दूरी-क़ुरबत से, जो आकृतियाँ बनाते हैं वे दरअसल
न पढ़ी गई लिपियों के अक्षर होते हैं पढ़े जाने के सुराग़
क्या फ़रक़ पड़ता है कि दीवार पर लिखे गए स्क्रीन पर मन पर मचलते तन पर कितौ
आसमान पर ही लेकिन
काग़ज़ भी तो अंकल मुहब्बत की शै होती है

अकेला होकर भी चन्द्रमा कभी अल्पमत में नहीं होता आसमान पर काग़ज़ के
टुकड़े-सा चिपका हुआ

कौन मूल है क्लोन कौन है
इस युग में जितनी तेज़ी है अचरज मत करना इस पर अगर कहीं यह पता चले कि
क्लोन पहले पैदा हुआ था मूल से, एक अधिभौतिक भूल से

पचीस-पचास-पाँच सौ साल पहले दुनिया में आकर कोई तीर नहीं मार लिया उनने
बड़े-बुज़ुर्गों की इज़्ज़त करने से बेहतर है उन चीज़ों की इज़्ज़त करना

जो आधी रात तुमको अचक्के जगा जाती हैं जब जगते हो तो पाते हो
टूटा घड़ा रात-भर में इतना टपका कि ख़ालीपन से भर गया
ऐसी हवा चली कि तुम्हारे प्रिय पेड़ के सारे पत्ते आँगन में गिर गए गिर कर
कूड़ा बन गए

ऐसी तमाम चीज़ों को मुश्किल पाता हूँ बहुत
पाने जाता हूँ इन सबको आती हैं और भी मुश्किलें

देने के लिए मेरे पास सिर्फ़ प्रेम है
इज़्ज़त, मुझे लगता है,
एक निहायत सामंती परम्परा है जिसके धागों से ओढ़ने-बिछाने के कपड़े बने सबके
एक दिन जिनका तार-तार हो जाना निहायत अनिवार्य है

पर यह कितना अजीब है कि कुछ हत्याओं का कारण प्रेम को माना गया कुछ का
इज़्ज़त को
कि घृणा करने के सारे गुर प्रेम ही सिखाता है
कुछ हथियार ऐसे होते हैं जो हाथ बदलते ही अपनी ताक़त खो बैठते हैं
जबकि दुनिया में कोई शै ऐसी नहीं जिसके लिए लड़ा जाए
जबकि दुनियाओं का विस्तार अन्वेषणों से कम हुआ आक्रमणों से ज़्यादा

एक ऐसा दरवाज़ा जिसे सदियों से खटकाया जाता है न खुलता है न ही भहराकर
टूटता है जो
एक खिड़की जिसमें से निकलती है एक हरी लता जो कभी बढ़ती नहीं छँटती भी
नहीं
उसमें से जो सुगन्ध निकलती है उसके स्थगन से पैदा होती है

इतना जाना सुना है मेरा जाना कि सब कुछ को देखना सब कुछ के साथ
रुका होना है
इतना अ-जाना अ-सुना है मेरा अ-जाना कि जाने से पहले ही लगता है जा चुका हूँ
लौटने से पहले से लौटता रहा हूँ बाद भी जैसे रॉकेट की पूँछ से निकलता धुआँ एक
विलंबित लौट के अभ्यास में
बहुत देर तक बहुत बहुत देर तक दिखता है खो जाने के बाद भी दिखता ही रहता
है स्थिरता में अपनी

मैं पूर्व में जाता था जबकि सारी दुनिया पश्चिम जा रही
पश्चिम वाले और पश्चिम और पश्चिम एक ने कहा जापान, अमेरिका के पश्चिम में है
सो एक तरफ़ से ही मानो दिशाएँ क्या बताऊँ मेरा पूर्व दिशा नहीं है
जैसे तीसरी आँख दरअसल आँख नहीं जैसे पाँचवाँ सिर दरअसल सिर नहीं जैसे तीसरी दुनिया कोई दुनिया ही नहीं

जैसे हर धर्म में होती है एक पवित्र भूमि, एक प्रॉमिस्ड लैंड
उसकी आकांक्षा कितना गौरवान्वित करती है हमेशा के लिए खो जाने की इस प्रक्रिया को बामुराद

इतने नए सिरे से आई है यह गुमशुदगी अनिश्चित अप्रत्याशित
इतना अँधेरा है और मैं इतना निश्‍चित कि धीरे-धीरे हाथ डुलाते उन दिनों को याद करता हूँ
जब मैं गर्भाशय में था
पैर को थोड़ा-सा हिलाकर किसी को ख़ुशी दे देता हुआ
गुम हो जाना बिना हाथ हिलाए विदा हो जाना है
जब बर्दाश्त से बाहर हो जाएगी भूख हम अपना भविष्य खा लेंगे

मुद्रा-स्फीति

दौड़ते-दौड़ते उन स्टेशनों तक पहुँचा जहाँ ट्रेनें इन्तज़ार नहीं करतीं
पहुँचा तो लोगों को इन्तज़ार करते देखा
देखता रहा ट्रेनें मुझे लोगों की तरह दिखीं लोग ट्रेन की तरह

पुल की रेलिंग से दो बच्चे झुके हैं चीख़ते हुए अलविदा का कोई शब्द
झुके हैं क्योंकि बहुत छोटे हैं
उचकते हुए झुका जा सकता है ऐसा बड़प्पन भरा ख़याल आया
क्या करूँ यह बड़प्पन जाता ही नहीं जैसे मुँहासों से बने छोटे सुराख़

मैले कपड़ों वाले एक आदमी को खोज रहा था
सोचिए, कपड़ों का मैला होना ख़त्म हो जाए
तो कितने प्रतीक यूँ ही निकल जाएँगे जीवन से

अच्छा, आप असहमत हैं? लोग अक्सर रहते हैं मुझसे
जब कह देता हूँ, इन दिनों
सहवास को नहीं सहमति को सन्देह से देखो
सहमतों के वृंदगान में मौन खड़ा मैं
संदिग्ध होने से डरता हूँ तो साहस खो देता हूँ
सिर झुका कहता अपने शब्द मानो किसी और के
सयाने इस समय में मूर्ख होना मंजूर करता हूँ
संदिग्ध तो अक्सर ही बच निकला करते हैं

वह : मेरा सामान यहाँ पड़ा है ज़रा रखवाली करना चोरों से
कहीं तुम्हीं तो चोर नहीं जिसे रखवाली का ज़िम्मा सौंपे मैं जा रहा?
मैं : यह सामान तुम्हारा ही है न जिसकी मैं रखवाली कर रहा
कहीं तुम्हीं तो इसे कहीं से चुरा के नहीं लाए इसमें कोई बम तो नहीं है न?

उसने कहा : नहीं, मैंने भी कहा था : नहीं
दोनों नहीं को 'चाय पियोगे ?—नहीं' वाले नहीं की तरह लिया गया जबकि
मेरा नहीं सिर्फ़ मेरा नहीं नहीं है;
और उसने जो नहीं कहा, वह भी सिर्फ़ उसी का नहीं नहीं
ल्ल्ल्लो, आप फिर असहमत हैं !

चलिए, मैंने हाथ जोड़कर नमस्कार किया
उन्होंने इस मुद्रा को करबद्ध काइयाँपन कहा

मैं इसे मुद्रा-स्फीति जैसा इन दिनों चर्चित एक शब्द देता हूँ

मध्यवर्ग का मर्म-गीत

यह श्री गुरु गोबिन्द सिंह हिन्दी प्राइमरी स्कूल में पढ़ाई जाने वाली
राइम्स में से है
अम्मा-बाबा-दादी टाइप सम्बोधनों वाले बूढ़ों के ज़माने के काँपते गीतों में से
किसी की मौज या शग़ल है ताल-बेताल-क़दमताल
ओह, देखो-देखो, रानी जी का अब भी वही सिन्दूर तिलकित भाल
या पूरे इतिहास को दिखा दे ताक़त के खेल की ताक़त है
पूरब के मेटा-फ़िज़िक्स का मोटा फ़ार्मूला है—
के एक दिन तय है सबका मरना।
ऊप्स! निम्नलिखित राइम-कथा में तीनों में से कोई फ़ुक्कट में नहीं मरा, काम करते-करते मरा, अपनी लड़ाई लड़ते-लड़ते मरा
जिनके लिए शहीद जैसा कोई शब्द क्यों नहीं, ऐसा प्लैकर्ड लिए अभी गुज़रे थे स्वामी वर्ग-चैतन्य कीर्ति-आकांक्षी 1008
भुजंग मेश्राम की तरह मैं भी पूछ बैठा—वो पटाख़ा बनाने वाले शहर शिवाकाशी का बचपना क्यों नहीं जाता?
आईक्यू जितना कम होगा, कविता उतनी अच्छी होगी; जीवन भी
मैं कहता हूँ, जहाँ रहना है वहाँ से संन्यास ले लीजिए; इसमें डुप्लेक्स रिहाइश का मज़ा है : ☺
नको बाबा
कक्षा 1ली वर्ग अ और वर्ग ब का संघर्ष नहीं यह,
बहुत जटिल है जितना कि विचित्र मेरा वर्ग-मानचित्र है
जो है उसे वैसे ही पेश करना रिवायतों के ख़िलाफ़ है
तो जैसे मैं घर की बरमूडा और टी-शर्ट पहने ही दफ़्तर आ गया
ठीक उसी तरह इस पेशकश में पेश्ट करता हूँ
ग़ौर से पढ़िए, यह मेरे मध्यवर्ग का मर्म-गीत है :

राजा मरा लड़ाई में
रानी मरी कड़ाही में
बच्चे मरे पढ़ाई में...

एक अधूरी सूची

साहित्य कुबड़ों का टूर्नामेंट है
—चेस्वाव मीवोश

मेरे सींग नहीं है मेरे पूँछ नहीं है
सो मैं सींग मारता नहीं दुम हिलाता नहीं

जब मैं बोलता हूँ तो ड्रैगन की तरह मेरे मुँह से आग नहीं निकलती
जो मुझसे प्रेम करते हैं नाज़ुक मौक़ों पर मुझे सिंह कह देते हैं
पर मेरे अयाल नहीं हैं पंजे नहीं मैं दहाड़ता भी नहीं

मेरी त्वचा पर शल्क नहीं हैं
मेरी आँखें अँधेरे में नहीं देख पातीं चमकती भी नहीं हैं
मैं पानी में साँस नहीं ले पाता मेरे गलफड़े नहीं हैं
इसी तरह उड़ भी नहीं पाता

जब मैं चलता हूँ तो ज़मीन काँपती नहीं है
पृष्ठभूमि में कोई संगीत भी नहीं बजता
गोरी चमड़ी नहीं है वाचालों जैसी शब्दगर्भी मुस्कान नहीं है

किसी को पिटा देखने पर दुखी होता हूँ
रात नींद नहीं आती
फिर भी सबकुछ जलाकर राख कर देने वाला
रातोरात सबकुछ बदल डालने वाला ग़ुस्सा नहीं है

अपने आप गीली होने वाली हथेली है
अनिवार्यत: तनी हुई मुट्ठी नहीं है

मुझमें क्या-क्या है
इससे ज़्यादा जिनकी दिलचस्पी इसमें है कि मुझमें क्या-क्या नहीं है
उपरोक्त यह अधूरी सूची महज़ उनकी सुविधा के लिए

सुसाइड बॉम्बर

कविता को उपयोगितावादी दृष्टिकोण से देखना मुझे नहीं पसन्द।

फिर भी मन में कई बार आता है ख़याल
कि कोई मानव-बम
बटन दबाना भूल जाए
कि उस समय वह कविता पढ़ रहा था

उसके बाद अपना बम उतार कर
ख़ुद एक मानव-कविता बन जाए
ताकि दूसरे बम उसे पढ़ सकें।

अलौट

अब कभी तुम उतनी मासूम नहीं दिख सकोगी, जितनी पन्द्रह साल पहले
की एक तस्वीर में
हमारे चेहरे की, और दिल की भी, मासूमियत सुखा देने के लिए कम नहीं
होता एक पल भी
परिभाषा बदलकर सुन्दरता को फिर पाया जा सकता है
मासूमियत को तो किसी पड़ोसी समार्थी तक से भय नहीं
इतनी निश्‍चित होती है कि जानती है जाने के बाद लौटकर आना नहीं इस देस

हास्यबोध

ज़ोफ़ में ताना–ए–अग़ियार का शिकवा क्या है
बात कुछ सर तो नहीं है कि उठा भी न सकूँ
—ग़ालिब

यक़ीन कीजिए कल मैं अच्छी कविताएँ सुनने ही गया था
पर ढेरों चुटकुले सुनकर लौटा
असमंजस में हूँ किस–किस पर हँसूँ?
सब पर हँसना तो वैसे ही जैसे कक्षा में सबको मास्टर दे दे अंडा
पर मास्टर बन सबको जाँचने का कीड़ा ही क्यों कुलबुलाता?
इतना भी क्यों सोचना, घर की खेती है हँसी, जितना चाहो हँसो
लॉफ़्टर शो है, रेकॉर्ड करके रख लो
जब भी कन्फ़्यूज़न उगे, ख़ुद ही बजा लेना अपनी हँसी।
नहीं आती हँसी फिर भी हँसना—उतना ही ज़ोर लगता
जितना क़ब्ज़ के दिनों में करते हुए पाखाना।
लोग हैं कि सब पर हँसते हैं मुझ पर भी तुम पर भी
मैं हँसने में भी चयन खोजता
इसे मेरी नासमझी समझ लो या
बुहारता हुआ कोई नकार
जिसे मेरी कुंठाओं से जोड़कर देखना होगा बहुत आसान।
जो आसान है उसका अवसान नहीं।

बैंगन की पिचकारी

[तब मैं आठ का था]

उसका चेहरा भविष्य को पुकार रहा
जबकि भविष्य कहीं और ही देख रहा
—एडम ज़गायेवस्की

बैंगन के आकार वाली एक पिचकारी के लिए बहुत रोया था
एक दुकान में देखी थी वह पिचकारी और उस पर दिल आ गया था
जी-भर कोसा था माँ-पिता को कि किसी को मेरे रोने पर तरस नहीं आता
डेढ़ रुपए की पिचकारी भी ख़रीदकर नहीं दे सकते

रोते हुए बोल रहा था बोलते हुए रो रहा था
मुस्कुराते हुए देख रहे थे माँ-पिता जिन्हें यह समझ ही नहीं आ रहा था
क्यों रो रहा हूँ मैं क्या बोल रहा हूँ मैं
मैं एक-एक शब्द साफ़ बोलता मुझे-बैंगन-की-पिचकारी-चाहिए
वे हँसने लगते क्या चाहिए?
मैं फिर रोने लगता किस-भाषा-में-बोलूँ-कि-समझ-आ-जाए
बाद में उन्होंने बताया कि रोते हुए मैं पहले से भी ज़्यादा मासूम लग रहा था
पवित्र जितनी ज़िद्दी मेरी रुलाहट उनका मनोरंजन थी
वे देर तक मुझे रुलाते रहे मुस्कुराते रहे

रोना मेरा शिल्प था और बैंगन की पिचकारी मेरा कथ्य
उनकी सारी प्रतिक्रिया मेरे शिल्प के इर्द-गिर्द घूमती रही
मेरे कथ्य को उन्होंने आज तक उपेक्षित रखा
वे इस तरह याद करते हैं उस दिन को
—जब तुम क्या ख़ूब रोए थे किसी एक पिचकारी के लिए—

एक छोटी–सी इच्छा की अभिव्यक्ति का विखंडन यह
सम्प्रेषणीयता की नाकामी का वह आरंभिक अध्याय

कुछ समय पहले एक ज्योतिषी ने कहा था—
तुम्हें जो कुछ मिलेगा मरने के बाद मिलेगा
इस बात को याद कर मैं इस क़दर रोया था उस रोज़ कि रोते हुए मर जाना चाहता था
ताकि मरते ही मुझे मिल जाए बैंगन की पिचकारी

उस साल मैंने होली नहीं खेली थी चूँकि घर के बड़े खेलते भी नहीं थे सो उन्हें कोई फ़र्क़ नहीं पड़ा
मैं अपने परिवार के इतिहास के बारे में सोचने लगा
अपने माँ–पिता के साथ किसी सिनेमाहॉल में फ़िल्म नहीं देखी मैंने
हम कभी किसी मेले में घूमने नहीं गए
हमने गोल्ड स्पॉट पीने की ज़िद एक ही बार की थी
फिर अपनी ज़िदों को हम हीराघाट के नाले में डुबो आए
टीवी हमारे यहाँ बहुत देर से आई
और भला हो हमारे मकान की बनावट का, भलमानस पड़ोसियों का
कि वे तेज़ आवाज़ में बजाया करते थे अपने टेप–रिकॉर्डर
इस तरह उन्होंने संगीत का हमारा शौक़ पूरा किया
हमारे लिए संगीत हमेशा दूसरों के घरों में रहा

हम आनन्द के वंशज नहीं थे
सन्नाटा हमारी परम्परा थी
एक–दूसरे को चुप देख हम मुस्कुरा देते थे
हमारी पलंग पर मृत्यु के गद्दे थे फिर भी हर सुबह हम ज़िंदा उठते थे
पिकासो के पास हमारे घर का पता नहीं था
रंग हमेशा दूसरों के दरवाज़े पर दस्तक देते थे
मेरी किसी पूर्वज महिला ने उत्सव को अपने गर्भ में जगह दी थी
और शायद संकट की किसी घड़ी गर्भ गिरा दिया था

हमारा कुल किताब की उस दुकान की तरह रहा
जिसकी इमारत तो बिक गई हो
पर किताबें अब भी पूरी नहीं बिकीं

हमने तैरने का हुनर नहीं सीखा
और भवसागर पर किसी ने पुल बनवाया भी नहीं

विष्णु अपने कंधे पर कोई धनुष ले नहीं घूमते
अदृश्य धनुष है उनका शांर्ग नाम है जिसका
एक भटकती हुई आत्मा है शांर्ग जिस पर विष्णु का क़ब्ज़ा है
विष्णु को वरदान है कि वह जिस भी धनुष को छू लेंगे,
शांर्ग नामक वह आत्मा उसमें प्रविष्ट हो जाएगी
इस तरह पराया वह धनुष विष्णु का धनुष बन जाएगा
सीता के स्वयंवर में शिव का धनुष उठा लिया था राम ने तो सिर्फ़ इसी कारण
कि विष्णु का अवतार होने के नाते शांर्ग उनकी भी आज्ञा मानता था

वही शांर्ग लदा है मेरे कंधों पर
कि मैं जिसे स्पर्श करूँ उसका प्रतिलोम बना देता है वह मेरे लिए
जैसे परायी सुन्दरताओं को छुऊँ तो मेरी निजी अ-सुन्दरता बन जाती है वह
कि परायी निराशाएँ मेरी अपनी निराशाओं में तब्दील हो जाती हैं
मैं जिस भाषा को छुऊँ वह मेरी अपनी भाषा बन जाती है
पर ऐसी अपनी एकदम निजी भाषा कि
मेरे सिवा तब उसे कोई और समझ नहीं पाता

मेरे भीतर सन्तोष है कि यह सारी दुनिया मेरी निजी दुनिया है
मेरी कहन के शिल्प से बनी हुई
बैंगन की पिचकारी मुझे आज तक मिली नहीं
और मैंने उसकी प्रतीक्षा भी छोड़ दी
शिल्प और कथ्य के बीच विलम्बित झूलते पेंडुलम की तरह
दौड़ता हूँ चेन खींचे जाने से आजिज़ देरी से चलती किसी रेल की तरह

उस रोज़ के बाद से लगातार यह जानता कि किसी भी वक्त साथ छोड़ सकती है यह भाषा
कि मैं शिल्पकार नहीं मेरी यह भाषा मेरी नहीं है शब्द भी मेरे नहीं छवि-बिम्ब भी मेरे नहीं
चाहे जब कोई मुझे अनसुना कर सकता है चाहे कितना ही स्पष्ट क्यों न बोलूँ

कोई तुम्हें सुन लेता है तो इसमें तुम्हारे बोलने का गौरव नहीं
सुन लेने की उसकी इच्छा का है

*[**अब्बू ख़ाँ की बकरी :** यह बहुत पुरानी कविता है, इतनी कि लम्बे समय तक यह याद भी नहीं रहा था कि ऐसी कोई कविता लिखी थी। इसके नीचे तारीख़ है 8 सितम्बर, '98। यह पूरी होने की तारीख़ है। तब मैं कविता के नीचे पूरी होने की तारीख़ डाला करता था, शुरुआत की नहीं। अब तो ख़ैर, कोई भी तारीख़ नहीं डालता। कुछ ही समय बाद यह विश्वनाथ प्रसाद तिवारी के सम्पादन में गोरखपुर से प्रकाशित होने वाली पत्रिका 'दस्तावेज़' में छपी थी। उसके बाद का कुछ नहीं याद। जैसे कभी यह सब लिखा ही न था। मेरे पास वे पत्रिकाएँ कभी नहीं होतीं, जिनमें मेरी चीज़ें छपी हों। ऐसा कोई अंक नहीं है, किसी भी पत्रिका का। 2007 में इस कविता की याद नागपुर से कवि-मित्र बसन्त त्रिपाठी ने दिलाई। उनसे पहली बार फ़ोन पर बात हो रही थी, और उसी दौरान उन्होंने इसका ज़िक्र छेड़ा। उन्होंने '98 में पढ़ी थी। तब याद आया कि हाँ, ऐसी एक कविता लिखी तो थी। उस समय भी मैंने इसे खोजने की कोशिश की थी। बाद के दिनों में कुछ और दोस्तों ने इस कविता को याद किया। मैं बार-बार याद करता कि उस कविता में दरअसल मैंने लिखा क्या था, कुछ विचारधाराओं-प्रतीक योजनाओं के आधार पर इसकी सिलाई की थी—इससे ज़्यादा कुछ याद न आता। यही कारण था कि यह न संग्रह में रही, न बातचीत में, न डायरियों में, न ही ऑनलाइन उपलब्ध सामग्रियों में। एक शाम (1 अक्टूबर, 2010) मिल ही गई आख़िर। जब इसे नहीं खोज रहा था तब। यही नहीं, कुछ और भूल चुकी कविताएँ भी मिलीं। एकाध को पढ़कर मुझे समझ ही न आया कि ये किन मनःस्थितियों में लिखी गई थीं और इनका अर्थ क्या है (जो लोग मुझसे मेरी कविताओं का अर्थ पूछते हैं, उन्हें ख़ुश होना चाहिए)।*

आज इसे पढ़ते हुए ऐसा लगता है कि उस समय मुझे उत्तर-आधुनिकता के बारे में कुछ सम्पट नहीं पड़ा होगा (हाशिए पर एक नोट में इस कविता में उत्तर-आधुनिक योजना को भी शामिल करने का निर्देश लिखा हुआ है)। सम्पट होती, तो पता नहीं, क्या लिखता! पुरानी, विस्मृत रचनाओं को देखकर हम हमेशा सोचते हैं कि इसे आज लिखा होता, तो ये-ये, वो-वो दुरुस्त कर देता। दुरुस्त कर लेने के इसी भाव को शायद आलोचकगण कवि का क्रमिक विकास मानते हों। (हालाँकि मैं कविता के मामले में विकास जैसा कोई शब्द नहीं मानता। अब इस देश में 'विकास के पप्पा' कोई और ही हैं, कवियों को विकास की चिंता नहीं करनी चाहिए।)

*ख़ैर, बरसों पहले ख़ुद कवि को भूली जा चुकी यह कविता इस संग्रह में प्रस्तुत है। इस प्रस्तुति को मैं कवि **बसन्त त्रिपाठी** को ही समर्पित करता हूँ।]*

अब्बू ख़ाँ की बकरी

अब्बू ख़ाँ एक परम्परा है
अब्बू ख़ाँ की बकरी एक मुहावरा

सबसे पहले हमें कुछ बुनियादी बातों पर सोचना चाहिए
अब्बू ख़ाँ कौन था
वह बकरियाँ क्यों पालता था
उसने कितनी बकरियाँ पाली थीं
उसकी बकरियाँ बार-बार उसके पास से भाग क्यों जाती थीं
उसकी बकरियों को खा जाने वाला भेड़िया कौन था
जब उसने धीरे-धीरे सारी बकरियाँ खा डालीं
तो क्या अब्बू ख़ाँ ने बकरियाँ पालना छोड़ दिया

मार्क्सवादी पद्धति से इस पर सोचा जाए
तो अब्बू ख़ाँ मेहनतकश वर्ग का था जिसे
सर्वहारा कहा जाना चाहिए
अय्यप्प पणिक्कर की एक कविता 'खुजली' और मुम्बई में
प्रचलित शब्द 'खुजली' के आशयों के अनुसार
उसे बकरी पालने की खुजली थी
या उसके पेट में भूख नाम की एक पिशाचिनी रहती थी
जो उससे बकरी पलवाती थी
और उसका दूध निकलवाती थी
यानी बकरी उसके लिए उत्पादन का साधन थी
जिसे दुहकर वह एक तरह से दूध का उत्पादन करता था
इस तरह देखा जाए तो
उत्पादन के उस साधन पर अब्बू ख़ाँ की मिल्कियत थी
अब्बू ख़ाँ दूध निकालने में मेहनत भी करता था

अर्थात् वह मेहनतकश भी था
अर्थात् उत्पादन के साधन पर मेहनतकश का स्वामित्व था
तो इस तर्क के आधार पर हम यह कैसे कह सकते हैं
कि अब्बू ख़ाँ सर्वहारा था
लेकिन उसकी माली हालत इतनी अच्छी भी नहीं थी कि
उसे नेशनल बूर्ज्वाजी का नाम दे सकें
उसे हम मध्यवर्ग या निम्न(मध्य)वर्ग में ले सकते हैं
जो श्रम करता है और वस्तुत: भूख का श्रमिक होता है

दूसरी तरफ़ इसे थोड़ा अस्तित्ववादी मोड़ दिया जाए
तो अब्बू ख़ाँ एक स्वतंत्र व्यक्ति था
और उसकी एक निरपेक्ष इच्छा थी कि बकरी पाली जाए
अस्तित्वाद में व्यक्ति के पास इच्छा का होना ज़रूरी है
इसमें ऐसा नहीं कि भूख मर जाती है
बल्कि भूख मिटाने की इच्छा का होना महत्त्व का है
व्यक्तिनिष्ठ तरीक़े से वह एक व्यक्ति था
जिसके पास एक व्यक्तिगत भूख होती है
जिसे वह व्यक्तिगत या सार्वजनिक माध्यम से पूरा करता है
उसकी बकरियों की भी एक निहायत व्यक्तिगत इच्छा होती है
मुक्ति की जिसे आध्यात्मिक शब्दों में
'अब्बू ख़ाँ से मुक्ति पूरी दुनिया से मुक्ति पा मोक्ष की तलाश है'
कह सकते हैं
जबकि मार्क्सवादी शब्दों में बकरी सर्वहारा नहीं है
क्योंकि उसके पास खोने के लिए बेड़ियाँ और पाने के लिए सबकुछ के ठीक उलट :
खोने के लिए बेड़ियों के साथ सुरक्षा और प्यार और पाने के लिए भेड़िये से संघर्ष
और मौत है : हालाँकि मार्क्सवाद नियतिवाद में विश्वास नहीं करता

अस्तित्ववादी परम्परा और रेनेसाँ की प्रतीक-योजना के मुताबिक़ यह भी सम्भव है कि अब्बू ख़ाँ भारत का एक आम व्यक्ति हो : और उसके पास कोई बकरी ही न हो : यानी अब्बू ख़ाँ के दिमाग़ के कुछ अँधेरे पहलू हों : और उनमें कुछ बकरियाँ निवास करती हों : बकरियाँ ज़रूरी नहीं कि बकरी की तरह ही हों : बकरियाँ नादान होती हैं सीधी-सादी होती हैं : सो बकरियाँ दिमाग़ के नादान सुविचार भी हो सकती हैं : और भेड़िया भी दिमाग़ में ही निवास करता हो किसी भयानक कुविचार की तरह : अब्बू ख़ाँ के दिमाग़ की बकरियाँ जब-जब हरे-भरे मैदानों में तफ़रीह करना

चाहती हों : यानी अब्बू ख़ाँ के नादान सुविचार उससे मुक्त हो अमल में आना चाहते हों : या अभिव्यक्त हो सार्वजनिक हो जाना चाहते हों : ठीक उसी समय धर दबोचता हो उन्हें कुविचार का भेड़िया : अब्बू ख़ाँ की बकरी को हम देश के हर आदमी के दिमाग़ के अँधेरे पहलुओं में : चल रहे सुविचार–कुविचार के संघर्ष के रूप में देख सकते हैं : पर चूँकि यह वैदिक–ऐतिहासिक धर्म–अधर्म का संघर्ष नहीं : सो इसमें बकरी रूपी धर्म अर्थात कमज़ोर नादान सुविचारों की ही जीत हुई हो : इतिहास के व्याकरण में ऐसी आदर्शवाची संज्ञा कभी बन नहीं पाई

यह भी सम्भव है कि अब्बू ख़ाँ अपनी बकरियों और भेड़िये और अपनी पूरी कहानी समेत हमारे दिमाग़ में रहता हो, लड़ाई चलती ही रहती हो और वह हमारे बहुत सारे निर्णयों को प्रभावित भी करता हो

जैसे नीत्शे रात के स्तनों को चूसकर दुग्धपान करता था : क्या नीत्शे की बकरियों का नाम रात था : या रात 'अब्बू ख़ाँ' नामक व्यक्तिवाचक संज्ञा का एक पर्यायवाची शब्द है

आजकल के टाइम की एक व्यावहारिक धारणा यह भी है
बतर्ज़ लड़की अगर मिनी स्कर्ट पहनेगी तो रेपिस्ट तो आएगा ही
कि बकरी जब देर रात घने जंगल में अकेले घूमेगी
तो भेड़िया तो उसे खाएगा ही
इसमें दोष बकरी का ही था
क्योंकि बकरी ही बार–बार आज़ाद होने के लिए अब्बू ख़ाँ के पास से भाग जाती थी
और भेड़िये के इलाक़े में पहुँच जाती थी : फुक्कट में भेड़िये को कायको दोष देना :
उसके पास भी भूख है और पारिस्थितिकी के अनुसार उसका आहार बकरियाँ हैं
सवाल यह है कि बकरियाँ अब्बू ख़ाँ से आज़ादी क्यों चाहती थीं
क्या मेहनतकश अब्बू ख़ाँ शोषक अब्बू ख़ाँ भी था
क्या अब्बू ख़ाँ की पालना में रहना अब्बू ख़ाँ की कष्टकर ग़ुलामी में रहना था
वे अब्बू ख़ाँ के पास घास खाने, दूध देने, छोटी–छोटी लेंडियाँ करने और
जब–तब में–में करने के सिवाय करती ही क्या थीं

अब्बू ख़ाँ में कोई लाड़–प्यार भी था जो बकरियों का दिमाग़ फिरा देने को काफ़ी था और उन बकरियों की भूख नामक मूलभूत ज़रूरत पूरी तरह सन्तुष्ट थी : क़ायदे की बात है कि जब पेट भरा हुआ होता है : तो आज़ाद होने की बात ख़याल आती है : (देश की आज़ादी का पूरा संघर्ष ही भरे पेट वाले लोगों की अगुआगीरी में हुआ था)

अब यहाँ कलावादी उचककर सवाल करते हैं—
लेकिन बोंधु, हर चीज़ आकर भूख पर ही क्यों टिक जाती है
और भी ग़म हैं ज़माने में भूख के सिवाय

ये तो आप जानते ही हैं कि ऐसा कौन कहेगा कि
भेड़िया हिन्दू था और मुसलमान (की) बकरियों को ही खाना प्रिफ़र करता था

क़ानून की बात कि अब्बू ख़ाँ ने अपनी बकरियों की सुरक्षा का इंतज़ाम कैसा किया था : अलेक्ज़ेंडर ब्लोक के प्रतीकवाद और मायकोवस्की के बाद के भविष्यवाद पर आएँ : और अब्बू ख़ाँ की बकरियों को अब्बू ख़ाँ की बेटियों के रूप में देखें तो : लड़कियों के बार-बार भेड़ियों द्वारा खा लिये जाने की अनन्त दारुण कथा ज़हन में आती है : तब भेड़िये को कैसे लें ?
जवान लड़कियों को सुनहरे सपने दिखा खींच लेने वाला प्रलोभन
एक ऐसा चुम्बक जिसे पता है मिट्टी और लोहे के बुरादों का फ़र्क़
फिर बकरियों को क्यों नहीं पता अब्बू ख़ाँ और भेड़िये का फ़र्क़

जब-जब कोई बकरी मारी जाती है
तब-तब अब्बू ख़ाँ ख़ुद को भयंकर असुरक्षित और एकाकी महसूस करता है
जब-जब हमारे दिमाग़ में कोई पराजय होती है दुख सिर उठाता है
हम अब्बू ख़ाँ की गति को प्राप्त होने लग जाते हैं
उपभोक्तावाद में बकरी हमारी संस्कृति बन जाती है और भेड़िया बाज़ार आक्रांता :
हम एक-एक करके अपनी बकरियाँ खोते जा रहे हैं अलग-थलग होते जा रहे हैं :
पूँजीवाद अपने विध्वंसक रूप के प्रभावों से व्यक्ति को लगातार आत्मकेंद्रित
अलग-थलग और एकाकी बनाता जाता है

ज़रा फिर मार्क्सवादी-समाजवादी सन्दर्भों में लौटें
भुवनेश्वर, सर्वेश्वर से लेकर विमल कुमार तक के यहाँ भेड़िया कितने रूप बदल चुका है
क्या अब्बू ख़ाँ की बकरियों के प्रतिकूल परिस्थिति का निर्माण करने की प्रवृत्ति ही भेड़िया है—
अगर बकरी अब्बू ख़ाँ का श्रम है तो उसे बेमोल पचा ले जाता है वह
उसके उत्पादन का एक अंग तो लगान की तरह वसूल ले जाता है
अब्बू ख़ाँ लाख सिर पटकता है
बकरी उसके पास टिकती नहीं

पालतू ग़ाफ़िल हो बार-बार भग जाती है
घात लगाए भेड़िया दबोच लेता है
अब्बू ख़ाँ रोता है
अकेले में बूढ़ा होता है

अब्बू ख़ाँ एक परम्परा है
अब्बू ख़ाँ की बकरी एक कहावत-मुहावरा
भेड़िया परम्पराओं-कहावतों से रूढ़ एक नंगी असलियत
(फिर देख के लो न भिड़ू, कविता को पारम्परिक मुहावरों से बचाने का है,
बोले तो काय-काय चीज़ से बचाने का है, इसी से समझ के लो न!)

पंचम सर्ग : *एक लम्बी कविता*

दुर्भाग्य के दिनों में सुन्दरता की फ़िक्र करना
कला से ज़्यादा जिजीविषा है

उभयचर

[चेस्वाव मीवोश और विष्णु खरे के लिए]

1

दुख भरा था तुममें दुख से भरा यह जग था
इस जग का तुम मानते नहीं थे ख़ुद को फिर भी दुख था जो तुम्हें अपना मानता था
और इस जग को क्या फिकिर कि तुम उसे अपना मानो न मानो
सो दुख था बस जिसे तुम्हें मानना था अपना दुख से भरे इस जग में
सुख को छूना दरअसल नष्ट होना था नष्ट होने का सुख भी इतना प्रतिबंधित था
कि कठोर दंडों का प्रावधान था कि किसी भी वस्तु को पाने की इच्छा जाती रहे
इससे हुआ यह कि जो पास था उसका मोल जान लिया इससे
अपमान जो झेले थे उनको भूल जाने का संकोच नष्ट हुआ

2

ऊँची कूदों तेज़ जिरहों दौड़ती गाड़ियों के बीच मैं घुस न सका गोलियों और गालियों के बीच न पहुँच पाया
बल को प्रदर्शन चाहिए होता है हमेशा भुजाओं की मछलियों ने बताया मुझको
मेरे युग में सुख पोर-भर की दूरी पर थे पोर-भर भी डूबे जो उनमें वो धन्य हुए
पन्द्रह साल पहले मैं चुपचाप करता था प्रेम आज चुपचाप करने पर प्रेम छूटता जान पड़ता
अब मैं बोलता बहुत बहुत बोलता फिर भी उनकी शिकायत है ये के
जैसे-जैसे दिन चढ़ता है मुझ पर चुप्पी चढ़ती जाती है
इस तरह बहुत बोलने को बहुत चुप रहने का समार्थी ही जाना उनने
हर वक्त जानना चाहा कि कौन हूँ मैं जो कभी उनके तम्बुओं की तरफ़ नहीं आया
जब कहा उन्होंने सत्य के बहुत क़रीब मत जाओ सूर्य के भी रहो उन जीवों की तरह
जो जाने किस ब्रह्मांड में रहते आए
भूख भय ख़ुशी प्रेम आवश्यकता नहीं शौक़ हों जिनके लिए

मैं ख़ौफ़ज़दा उनसे भागता छिपता फिरता रहा
यूँ अपना क़बीला बचाया मैंने उनसे नूह की किश्ती में भरोसे की कहानी पढ़
सच कहूँ क्या सच में बचा भी पाया कि यहाँ कोई आबादी नहीं दिखती मेरे पास
फिर भी जो बची वह निर्जनता है और जन की स्मृति भी जन को जनने में मददगार होगी ही
बस मैं डरता हूँ कि मेरी स्मृति कब तक रहेगी मेरी ही
यह जो भय का छाता है यही मुझे बचाता है
और इसे पहचाने बिना मैं तुम्हें धन्यवाद करता रहा भगवन!

3

जो जीवन में सहा वह कहाँ कहा जो नहीं सहा उसकी इच्छा कर ली
संसार का सारा दुख मैं झेलूँ यह कामना ही
घृणित है वैसी ही विश्वविजयी होने की कामना-सी
मैं उभयचर प्रेम और घृणा में रहता बराबर घृणित कामनाओं का प्रकाशपिंड भी
वह आलू खाता हूँ जिसमें केकड़ों के गुणसूत्र भरे
चौवन साल बाद मेरी नस्लों में केकड़े होंगे जाने कब से केकड़ों को अपना भाई कहता आया मैं
इसी उम्मीद में क्या?
जब कहता हूँ अठारहवीं सदी में मनुष्य के आकार की एक लिपि हुई थी
पढ़ने में माहिर अंग्रेज़ भी जिसे पढ़ न पाए थे
मेरे पढ़े-लिखे यार-दोस्त समझते हैं कुछ नया पढ़ा रहा हूँ इन दिनों
तुम्हारी पीड़ा की कल्पना करना तुम्हें पीड़ा देने से बेहतर है
सुख भले दोनों में एक-सा हो सुख की परिभाषा तो कभी भी एक ही रही नहीं
फिर भी मैं कहता हूँ हमारी कल्पनाशक्ति की सबसे बड़ी असफलता
है कि हम युद्ध करते हैं जब भी हमारा इस या उस तरफ़ होना होता है सज़ा देने वाला बनना होता है
एक ऐसी फ़सल का बोना होता है जिसमें बालियाँ नहीं होतीं सुंडियाँ ही बस
एक दिन मैं भूल जाऊँगा क्योंकि यही मेरी प्रकृति है लेकिन मैं क्षमा नहीं दूँगा
क्षमा देने से सत्ता बनती है समभाव नहीं
उदात्तता नहीं क्षुद्रता की स्थापना की राजनीति है यह
सो हम दोनों ही ग़लतियाँ करेंगे उसके लिए न लड़ेंगे न माफ़ ही करेंगे
कुछ यूँ करेंगे एक-दूसरे का परिष्कार हम
इसीलिए जब भी मैं पीड़ा की बात करता हूँ उसमें कल्पना भी मिलाता हूँ
कुछ तो कम हो ही जाती है इससे ख़ालिस वह मेरी अपनी नहीं रह जाती

किस गुरु से सीखा मैंने यह उद्‍घोष :
पीड़ाओं को उनकी औक़ात बता दूँगा एक बार लिखकर उनको ख़त्म कर दूँगा

4

बहुत टूटकर प्रेम किया था मैंने एक बार। बाहर आया प्रेम के दिनों से तो पाया मेरे सिवाय कुछ न टूटा था। ठीक ऐसा ही कहा था उसने जिससे मैंने प्रेम किया था। टूटना ही अंतिम सत्य है यह जीवन का फलसफ़ा रहा नहीं फिर भी टूटने के बाद हम दोनों ने ही प्रेम को क्यों बुहार फेंका? मेरे घर के पुराने एक सन्दूक़ में पुरानी एक बहुत माला थी टूटी हुई धागे से अलग। नानी ने उसे क़रीने से सँभाल रखा था। जब भी सन्दूक़ से वह कोई सामान निकालतीं, माला के कुछ दाने गिर पड़ते थे ज़मीन पर, किसी साड़ी दुपट्टे शॉल या पुराने काग़ज़ में अटके हुए। उन्हें बीनते हुए नानी याद करती थीं उस माला को जिसके टूटने की कहानी उन्होंने कभी नहीं बताई, लेकिन यह बताया बार-बार कई बार सैकड़ों बार कि अगली बार हाट से वह मोटा धागा ले आएँगी, फिर इस माला को उस नए धागे में पिरो देंगी। इस तरह, अपनी तरह, नकार देंगी कि टूटना ही अंतिम सत्य है। यह ज़बर्दस्ती की कल्पना ही होगी, नज़ाकत के स्वाँग से भरपूर कि वह माला नानी के किसी प्रेम की टूटन रही होगी। उनके मरने के काफ़ी समय बाद हमें याद आई थी वह माला, जो सन्दूक़ में नहीं थी। कहीं भी नहीं थी ऐसा तो नहीं कह सकते क्योंकि हमारी स्मृतियों में तो थी ही, और नानी की भी मृत्योपरांत स्मृतियों में जो उनकी जल चुकी अस्थियों की बुझ चुकी राख में से झरती किसी डेल्टा प्रदेश में किसी पेड़ या फ़सल की जड़ में जल के तन्तुओं से चिपकी होगी। उस दिन मुझे लगा था कि नानी ने वह धागा पा लिया होगा। न भी पाया तो क्या सारे दानों को साथ ले गई होंगी और जो कहीं फिर से बिखर गए दाने, तो कहाँ-कहाँ बीनती फिरेंगी वह उन्हें? मैंने अपनी मालाओं के दाने कभी नहीं सहेजे, इसीलिए जो छिटके हुए दिखते हैं मुझको कपड़ों से अलमारी से किताबों के बीच बिखरते, मैं अक्सर ख़ुद से कहता हूँ ये मेरी नानी की टूटी माला के दाने हैं।

5

दुर्भाग्य के दिनों में सुन्दरता की फ़िक्र करना कला से ज़्यादा जिजीविषा है
हमारे जीवन में ज्ञान का सबसे बड़ा योगदान कि वह हमारे दुखों में अकल्पनीय इज़ाफ़ा करता है
मुझसे छीनी गई पहली चीज़ थी मेरा आध्यात्मिक विवेक उसके बाद छिनी चीज़ों की फ़ेहरिस्त ही न बना पाया
फिर ऐसा कुछ भी न बचा बची जिसकी मुझमें इच्छा हो ऐसा कुछ भी नहीं हुआ

करता था जिसकी मुझमें इच्छा न रही
इतने बरसों से मैं ठीक वैसा ही हूँ अपने आप जैसा इसका कोई अफ़सोस न रहा
कितने दिनों से अन्दाज़ा नहीं कि मेरी पिंडलियाँ शरीर के किसी काम भी आती हैं
मैं एक प्रतिध्वनि बना रहा जिसे अपने उत्स का भान नहीं दीवारों पहाड़ों घाटियों से टकराता और दोगुना होने के भरम में आधा होता जाता
आँख के भीतर पानी वैसे ही छटपटाता है जैसे कट गए बकरे के अंग
अत्याचार सहने में कोई तजुर्बा काम नहीं आता
मैं ऐसे बताता अपना नाम जैसे अर्थी के पीछे कोई मरने वाले का नाम बता रहा हो

6

उसी भीड़ में वे औरतें भी थीं जिन्हें चंगेज़ ख़ान अपने साथ भगा ले गया था जिन्हें इल्तुतमिश ने नगर की सीमाओं से बाहर निकाल दिया था जो अखाड़े में लड़ता देख कृष्ण को रीझी थीं जो बैबल की लाइब्रेरी से किताबें चुरा रोटी ख़रीदा करती थीं जो सड़कों पर नंगी थीं और शयनकक्षों में भी जिन्हें सड़क किनारे पा ट्रकवाले पैंट की ज़िप खोलकर दिखाया करते थे पोलियो की शिकार वह किशोरी भी जिसे उसके एक परिजन ने ही गर्भवती कर दिया था। वहाँ रेल की पटरियों के किनारे बैठ निपट रही थीं औरतें। जब तेज़ी से गुज़रती कोई लोकल धड़ाधड़, वे उठ तुरन्त खड़ी हो जातीं। सिग्नल न मिलने पर कोई लोकल अगर वहीं खड़ी हो जाए कुछ देर, तो वे औरतें भी उसी तरह इन्तज़ार में खड़ी रहतीं। दूर बिना किसी ओट के बैठे पुरुष कभी खड़े नहीं होते थे। जिनके सामने लेडीज़ कोच आकर लग जाता, वे शरमाते, यहाँ-वहाँ देखते, तुरन्त निपटकर चले जाते, तो कोई ऐसा भी होता, जो रगड़-रगड़कर तान लेता अपना लिंग। मेरी ट्रेन ऐसी जगहों से भी गुज़री, जहाँ पटरी के किनारे बने थे वेश्यालय। द्वार पर बैठी वेश्याएँ लोकल से लटके लौंडों के इशारे पढ़ा करतीं। एक बूढ़ी हो रही वेश्या गोद में बैठी एक जवान लड़की के बाल काढ़ रही होती। हाफ़ पैंट पहना दो साल का एक बच्चा पीछे मिट्टी में खेल रहा होता, दूसरा रो रहा होता और तीसरा बार-बार लोकल के पहियों की तरफ़ बढ़ जाता, जिसे दौड़कर पकड़ती हमेशा एक ही औरत। एक स्त्री और पुरुष हिंसक तरीक़े से लड़ने लग जाते। एक नौजवान मग्गे से पानी उड़ेल मोटरसाइकिल का टायर धोता। वाटर सप्लाई की टूटी पाइप से निकलते पानी से नहा रही होती एक औरत, पूरे कपड़े पहन। मेरी ट्रेन वीटी पर जाकर ख़त्म हो गई, जहाँ से मुझे बाहर सड़क पर निकल जाना था। वहाँ फोर्ट की दुकानों के सामने सुन्दर लड़कियाँ किसी का इन्तज़ार कर रही थीं। दुकानवाले एक बार माल देख जाने को बुला रहे थे। मेरी एक दोस्त एक बार बहुत रोई थी, मैंने उसे वीटी के सामने इन्तज़ार करने के लिए कह दिया था। वह आधा घंटा वहाँ खड़ी थी और उतने में तीन बार उससे पूछा था अलग-अलग

लोगों ने—चलती क्या? रोते हुए कहा था उसने मुझसे—तुम्हें इन्तज़ार कराने की जगह चुनने की भी तमीज़ नहीं! मैं ट्रेनों से बहुत थका हुआ उतरता, बहुत थका हुआ ही चढ़ता था ट्रेनों में। घर आकर बिस्तर पर पसर जाता। टीवी में एक औरत कपड़े उतारती, एक खंभा पकड़कर नाचती, एक अपने वक्षों को इतनी तेज़ी से हिलाती कि उसके टूटकर गिर जाने का डर लगता। जेनेसिस ने बताया मुझे कि ईश्वर ने मिट्टी से बनाया आदम का पुतला, उसके नथुनों में हवा फूँक प्राण दिया उसे, फिर उसकी एक पसली तोड़ी और उससे बनाई दुनिया की पहली औरत। किसी ने नहीं बताया मुझे कि ईश्वर के पास मिट्टी कम पड़ गई थी क्या ईव को बनाने के लिए?

प्लेटफ़ॉर्म पर किताबों में सिर गड़ाए बैठी हैं कुछ। ये कवियों के प्रेम की शिकार महिलाएँ हैं जो ख़ूब किताबें पढ़ती हैं और रोते-रोते कवियों को गालियाँ दिया करती हैं।

7

एक ही अर्थ है भय और इच्छा का
समय आने पर दोनों दग़ाबाज़ हो जाते हैं
बीस अक्षर तक ख़र्च नहीं हुए बीस सदियाँ बीतने में
यहाँ किसी ज्ञान को प्रवेश की अनुमति नहीं गूगल के ज्ञान को चुनौती की गुंजाइश नहीं
शब्दों पर उँगली रखें उनका उभार महसूस करने के लिए नहीं उनके अर्थ को देने दिशा
शरारती शब्दकोश हैं जो यह भाषा अपने पैरों पर नहीं चलती कितौ उन लोगों की शरारत है जो हमेशा दूसरे के पैरों पर चलते
ओ मेरी भाषा, तू गए-गुज़रों की, घृणित तबक़ों की, लुच्चे-लम्पटों की है
और वे अपनी किसी चीज़ से प्यार नहीं करते
वे भी नहीं जिन्हें नमक का निबन्ध कहता आया मैं अमूर्तन के अपने अनगिन क्षणों में असहाय बोली-बानी में
मिले को तजने और न मिले को भोगने की इच्छाओं से मजबूर मानता हुआ

8

मैं आपको 1810 की एक कहानी सुनाता हूँ: इसे लंदन के पास एक गाँव से हिंदुस्तान आए एक अंग्रेज़ पादरी ने 1838 में छपी एक किताब में लिखा है : वह पादरी यहाँ ईसाइयत का प्रचार करने और उससे पहले उसका एक रोडमैप बनाने

आया था : पूर्वी उत्तर प्रदेश के एक गाँव में एक पंडित जी सौ साल की उम्र पूरी कर मर गए : उनके गाँव में शोक था : घर में नाती-पोते-परपोते तक थे : उनकी पत्नी बरसों पहले मर चुकी थी : उनकी चिता के साथ जलने वाला कोई न था : उनके बेटों ने, पड़ोसियों ने, गाँव वालों ने, जवार वालों ने उनकी मौत की ख़बर दूर-दूर तक पहुँचाई : जाने कहाँ-कहाँ से औरतें घूँघट में आईं : अपना चेहरा तक न देखने दिया उनने किसी को : एक औरत कूद गई उनकी चिता में : जलती-तड़पती वह सती हो गई : फिर दूसरी : फिर तीसरी : चार दिन तक जलती रही पंडित जी की चिता: चार दिन में सती हुईं चालीस से ज़्यादा औरतें : वे सब उस बुज़ुर्ग मृतक की पत्नियाँ थीं जो सौ साल के जीवन की उसकी गुप्त आय की मानिन्द थीं : जिनके बारे में कोई जानता तक न था : वे ख़ुद भी एक-दूसरे से अनभिज्ञ थीं : शको-शुबहा तो यूँ भी हुआ करता है : उन पर कोई बंदिश न थी सती हो जाने की : फिर भी जो जलकर अपना जीवन ख़त्म कर बैठीं : यह 19वीं सदी की शुरुआत के उत्तर प्रदेश में महिलाओं के मुक्त होने की गाथा है या स्थानीय भाषा न जानने की अंग्रेज़ पादरी की सीमा या जयदेव की गोपियाँ गीत-गोविंद की किसी जर्जर पांडुलिपि से निकल वहाँ दौड़ी आई थीं : आप यह न समझ लें कि मैं सती-प्रथा के समर्थन में हूँ : पर चार दिन में चालीस महिलाएँ जब एक साथ सती होती हैं तो मिलकर चालीस नहीं बस एक सवाल खड़ा करती हैं : वे चाहतीं तो कोई जान भी न पाता उनके और बुज़ुर्ग पंडित के सम्बन्धों के बारे में : फिर क्या आया एक साथ उन सबके भीतर ऐसा : कि वे एक पल को भी न झिझकीं सार्वजनिक जल-मरकर पंडित के प्रति अपने प्रेम की इस तरह घोषणा करने से ?

9

उसके मुख का तेज उसका नहीं है उसकी पतली कमर उसकी नहीं है उसकी लम्बी टाँगें उसकी नहीं हैं उसके देह की लोच भी उसकी नहीं वह ख़ुद नहीं जानती कि वह किसकी है फिर भी मदोन्मत्त कैसे चल रही है चली आ रही उसे नहीं पता वह खाई जाएगी या अधखाई फिंका जाएगी शोकेस में सजाई जाएगी या पताका-सी लहराई जाएगी उसको अपने मन का कर लेने दो क्योंकि उसे नहीं पता कि जिस मन को वह अपना मानती आ रही वह भी दरअसल उसका है नहीं और मानना तो सिर्फ़ एक अवधारणा होता है और अवधारणाओं की उत्पत्ति अनुपस्थितियों पर व्यापक एतबार के लिए होती हैं मसलन यही एक अवधारणा कि दुनिया बहुत ख़ूबसूरत है और मैं बहुत ख़ुश हूँ और वह लेखक इसलिए महान है कि उसे पढ़कर दुनिया की ख़ूबसूरती पर यक़ीन हो जाता है

10

जो सहज है वही प्रकृति है जो अहसज वह ज्ञान
अच्छे-बुरे का ज्ञान ही हमारे जीवन का विष है
ईश्वर ने मेरे सबसे पुराने पुरखों को इसी दोष का दंड ही तो दिया था
मैं दंड से डरता हूँ इस भेद को भूल जाने की चाह से भरा
भूलना ही सबसे प्राकृतिक क्रिया है याद रखने को कितने करतब करने पड़ते हैं
स्मृति का एक खंड इस काम के लिए सुरक्षित कि धीरे-धीरे सब कुछ भूल जाना है
सज़ाएँ ही क्यों मिलती हैं भूलने पर लेकिन
मैं हमेशा तुरपाइयों के पुल पर चलता रहा वस्त्रों के अन्तरंग में प्रविष्ट होने का अरमानी
और ताउम्र खुले दरवाज़ों पर दस्तक देता रहा जिन मकानों को लोग छोड़ना नहीं चाहते थे लेकिन जान बचाने के लिए जो
बिना ताला लगाए भागे थे और फिर वहाँ कोई रहने नहीं आया
हम घर पहुँचने का जितना इन्तज़ार करते हैं उससे कहीं ज़्यादा घर हमारा इन्तज़ार करता है
तभी तो हमारी जगह कोई और आकर रहने लगे तो उसे अपनी उदास आवाज़ों से डराता है
दीवार और दरवाज़े और खिड़कियों के पल्लों में क्या बातें होती हैं कभी सुना है किसी ने
मेरे कुरते पर कलफ़ की तरह लगी हैं जीवन की दुर्घटनाएँ
शर्ट का जो हिस्सा पैंट के भीतर रहता है उसके पास भी सुनाने को कई कहानियाँ हैं
मैं चेलो हूँ वायलिन की भीड़ में अकेला रखा गया है मुझे
इसीलिए जब भी बोलता हूँ बहुत गहरे से भर्रा कर बोलता हूँ और संकोच में अपनी गूँज फैलने नहीं देता
बाख़ से लेकर विवाल्दी तक मोत्ज़ार्ट से फिलिप ग्लास तक
जब भी मुझ पर उँगली रखी जाती है लगता है कोई छोटा बच्चा मेरे कपड़े खींचकर अपनी आवाज़ सुनाना चाहता है मुझे
नियति पर तो ख़ैर मुझे भी नहीं नीयत पर लेकिन सब ही को है सन्देह
मैं जल में रहता हूँ तो दुख की पूर्णता में और थल पर तो ख़ैर मैं वैसा ही हूँ
रात को जिन पतंगों की आवाज़ आती है वे एक साथ मुझे दिलासा दे रहे होते हैं दरअसल

11

जो अमृत पिया उन्होंने उसका असर देह पर होता है और स्मृतियों पर
स्मृतियाँ बग़ीचों में रहती हैं और तहख़ानों में और नाबदानों में और दस्तानों में देह
जबकि कहीं नहीं रहती सिवाय पिंड के और ख़ुद-ख़ानों में
उनकी देह वैसी ही रही जैसी वे चाहते थे और स्मृतियाँ अक्षुण्ण
हर ब्रह्मांड में ग्यारह शिव होते हैं इतने ही विष्णु इतने ही ब्रह्मा
और छोटे देवी-देवता मिडिल मैनेजरों की तरह इफ़रात में
मृत्यु ब्रह्मा की बेटी है स्मृति भी दोनों ने क्षमा किया इन सबको फिर भी क्षमा न किया
कुछ अभिशाप छद्म-वर होते हैं जैसे कुछ वर होते हैं छद्म-अभिशाप
यानी मृत्यु इन सबकी होती रहती है कल्पांत में बस मरने के बाद ये फिर जी जाते हैं ठीक वही देह पाते हैं
और इनकी स्मृतियाँ भी विलुप्त नहीं होतीं पूर्वजन्मों की
इतने जन्मों के बाद भी शिव भूल पाते होंगे विष्णु के हाथों अपनी पराजय और मोहिनी के पीछे की अपनी लालसा से गतिवान दौड़
विष्णु अपने अवतारों के सभी कामों का स्पष्टीकरण ख़ुद से दे पाते होंगे या क्षीरसागर के दुर्लभ एकांत में शर्मिंदा होते होंगे
न भूल पाने के अभिशाप से ग्रस्त ये अमर देव रुआँसे कभी झुकते होंगे ब्रह्मा की बेटी स्मृति के चरणों में
और कहते होंगे—लौट जाओ ओ स्मृति, अब तो महापराक्रमी मेरे शारंग धनुष ने भी अपनी टंकारों को भूलना शुरू कर दिया
चेयरमैनों-मैनेजिंग डायरेक्टरों-राष्ट्राध्यक्षों की तरह लगातार काम से ज़्यादा मनोरंजनों में व्यस्त
अदना कर्मचारियों को उनके पहले नाम से पुकारते याद के ये धनवान
उन वादों को हमेशा भूल जाते जो उन कर्मचारियों से किए थे उन्होंने मँझोले देवों से निरीह भक्तों से आस में डूबे शाकों से
सुनसान में हज़ारों बरसों से खड़े पेड़ों से जो अपनी बेनूरी में भी हरे से भरे हैं
हिंदी के पो-बिज़ में हमेशा दुत्कारे जाने को अभिशप्त कुछ विषयों बिम्बों रेटरिक जैसे
उनके वादों को क़दमताल की तरह गुनगुनाना छोड़ो वे हारे हुए अपनी अमरता से
पेड़ो, सावधान हो जाओ तुम्हें हरा रखने की ज़िम्मेदारी अब कॉर्पोरेट्स ने ले ली है

12

उसको इस तरह देखना कि फिर वह मुझे ही देखती रहे बार-बार
इस तरह पलटना हज़ार सफ़ों की किताब जैसे हज़ार परों वाला परिंदा उड़ने को टालता

बड़ी सावधानी से सीढ़ियाँ चढ़ना उसे तरक़्क़ी मानना
पानी कहते ही ठंडक का आभास होना न ही अपनी-परायी प्यास का
ख़ुद को सीमित रखना एक ही ईश्वर एक ही साथी एक ही विश्वास एक ही विचार एक ही अवस्था तक
निष्ठा की एकरसता में बहुलता की ध्वनि नहीं होती
अभय-अरण्य में भय का अभिशाप
मुझमें अर्थ मत खोजना मैं किसी प्रतीक में प्रविष्ट हो नष्ट नहीं होना चाहता
यह भी एक ग़लती ही ऐसी कोई ग़लती बची नहीं जो मैंने न की हो
जीवन को फिर से जीने की शर्त बदी तो विशाल शुद्धिपत्रों को बाँचते बर्बाद हो जाएँगे स्वर्ग के मुंशी
ऐसी दुनिया हो कम-से-कम वह जहाँ ज़रूरी हो किताबों को ख़र्रों को गट्ठरों को पुलिन्दों को ईंटों की तरह एक-दूसरे पर लदे इन्सानों को पूरा-पूरा पढ़ना
अन्तरिक्ष के जिस हिस्से में रहता आया मैं वहाँ किताबों का और बाक़ी सब ही कुछ का अधूरा होना उनके गौरव की महती शहतीर-सा रहा
पूरा होने का स्वप्न जो मिला मुझको उसे पूरा का पूरा स्थानांतरित कर दिया तुम सबमें यह भी बस एक रिवायत के तहत
समस्त द्वीपों पर मैं ही रहता आया इस तरह अकेलापन ख़त्म हुआ द्वीपों का मेरा भी मेरा नाम इतिहास है और इसी तरह लिखूँगा मैं आत्मकथा

13

वह देखो बैठा है अतीत का थॉमस रो अतीत के जहाँगीर के दरबार में बैठा हो जैसे आज का आज के दरबार में
कैसे आँखें फाड़े देखता है बादशाह के कमर में सोने का पट्टा है गले में क़ीमती मालाएँ और बाँह पर बँधा याक़ूत
जो मुर्ग़ी के अंडे से भी बड़ा है जिसकी चमक के आगे ओटोमान सुल्तान भी शरमा जाए
कैसे शरमा रहा है जहाँगीर इस तरह पराये एक मर्द को देखते अपनी ओर आँखें फाड़े लालसा में
कितना अमीर है यह बादशाह ख़ुद बादशाह को बादशाह से नीचे कुछ मंज़ूर नहीं
और हैरत है कि जो बादशाह नहीं वह भी कभी रिआया नहीं बनना चाहता
तू भी बादशाह मैं भी बादशाह आह रे बादशाह तेरी धन्य है उदारता
जब वह दुआ करता है हम सबका विनोद होता है
देखिए न, सारे लोग आईना हो गए हैं जिसको देखता हूँ ख़ुद मेरे जैसा पाता हूँ
यह मेरा भ्रम नहीं होमोजेनाइज़ेशन है यह कॉन्स्टीपेशन का ग्लोबलाइज़ेशन है

14

वह क्या अपराध था जो राजा बिक्रम से हो गया था जब वह लड़कपन में था जवानी में या प्रौढ़
किसी गुरुकुल में था जहाँ गुरु के प्रवचनों के बीच वह उठा था झपट मारा था उसने एक हाथ और
बग़ल से गुज़रते मेढक को दबोच निचोड़ दिया था
बित्ते-भर की मछली की पूँछ में ऐसा भारी कंकड़ बाँध दिया था कि वह दस क़दम भी तैर न पाई तड़प-तड़प डूब गई
या किसी सर्प की देह में कील ठोंक उल्टा टाँग दिया था वृक्ष से और बेबसी भूल पक्षियों ने नोंचा था उसका मांस
क्या गुरु नाराज़ हुए थे इस पर दे दिया था शाप ?
या जवानी में किसी युवती से किया था प्रेम तमाम वादों के बाद गया था भूल भूल को मानने से इन्कार कर दिया था
बरसों करती रही वह युवती इन्तज़ार भटकती रही जंगलों में वनों-उपवनों में नगरों में गुज़ारती दिन रात नगरपथ की धूल में लोट जाती अवसन्न
अँधेरे में किसी रथ के नीचे कुचला था उसका हाथ उसकी चोट से वह मरी थी तो क्या आह निकली थी उसके मुँह से
जो रथ चालक को न लगी सीधे बिक्रम को जा धँसी जबकि वह कहीं नहीं था चोट से मिली मृत्यु के विधान का साझीदार ?
पड़ोसी राजाओं, अय्यारों, विषबालाओं, नगरवधुओं का किया टोना था या उसी युवती की आह या गुरु का शाप
कि अपने वैभव के वर्तमान में रहता राजा एक दिन सारा वर्तमान, सारा भविष्य तज देता है
और सिर्फ़ अतीत में रहने लगता है ?
कौन था वह बेताल जो सिर्फ़ अतीत की बातें करता था ?
क्या था बिक्रम का अतीत जो वह उसे हमेशा अपनी पीठ पर टाँगे रहता ?
क्या उन सारी कहानियों का नायक-दोषी ख़ुद बिक्रम था
या अतीत के उस समय में उसे नहीं सूझे थे उन सवालों के जवाब
जो वह एक सुदूर भविष्य में पीठ पर लदे अतीत को देता गुन लेता था
समय का पहिया सवालों के पहिए से धीमा चलता है
तो समय ख़ुद क्यों सवालों से जूझने को मचलता है ?

15

मैं यहाँ बुद्धू जैसे एक शब्द के बारे में सोचता हूँ : मैं यानी गीत चतुर्वेदी नहीं : मैं

यानी तुम यानी वह यानी वे यानी हम यानी सब कुछ यानी कुछ नहीं यानी निरपेक्षता यानी सापेक्षता यानी काल यानी अ-काल यानी समय के हिसाब से बदलता अर्थ यानी अर्थ के हिसाब से बदलता समय : यानी बुद्धू : यानी बुद्धिमान : यानी यह शब्द जब बना था, तो उस आदमी का सिंगार था, जिसने बुद्ध की परम्परा में खड़े हो बुद्ध के शतांश से भी कम यानी बहुत कम यानी कम-से-कम बुद्धि के सम पर इतना तो ज्ञान पा लिया था कि पास-पड़ोस की दुनिया में बुद्धिमान कहलाया था : यानी बुद्धू उपनाम पाया था : और यह कोई नई रिवायत नहीं कि : उपहासों का सबसे आसान शिकार मूर्खताएँ नहीं, ज्ञान हुआ करता है : तो जो बुद्धू था, उसे पास-पड़ोस वालों का उपहास झेलना पड़ा : और चूँकि ज्ञान में पलटवार करने की क्षमता नहीं होती, वह पहला बुद्धू चुप ही रहा : और भी लोग जो बुद्धू हुए तो पास-पड़ोस वाले डरने लगे उनसे : कि सारी दुनिया ही बुद्धू हो गई तो उस पवित्र धार्मिक ईश्वरीय सन्तुलन का क्या होगा : सो एक साथ कहा सबने : चलो जी हटो, बुद्धू न बनाओ : और इस तरह सदियों तक अलग-अलग अन्दाज़ में कहा गया यह संवाद : जिससे बिलकुल उलटा हो गया इसका अर्थ : यानी निरा बुद्धू : यानी काल यानी अ-काल यानी ख़तरों की सुन्दरता को नष्ट कर दो यानी सुन्दरता के ख़तरों को नष्ट कर दो यानी सुन्दरता को नष्ट करके ख़तरनाक बना दो यानी ख़तरनाक को ऐसा सुन्दर बना दो कि बुद्ध होकर उनमें घुसा व्यक्ति बुद्धू बनकर बाहर आए

16

बुरा भी था बहुत मैं कि चुप न रह पाता था सो भला न हो पाया किसी का वास्ते किसी के
जब भी टोकता था कि तुम ग़लत हो वे फ़ौरन वह नीतिकथा सुना देते
कि टोकने का अधिकार उसी को है जिसने कभी पाप न किया हो
इस तरह कोई टोक न पाता जो टोकता भी सो सुना न जाता इस तरह
अनवरत चलता रहा पाप का व्यवहार
मैं खोजता फिरता उस चतुर सुजान व्यापारी को जिसने बनाई होगी यह नीतिकथा
और रणनीति की तरह किसी सन्त के नाम पर बेच दी होगी
(यह खोजना भी तभी जायज़ जब मैंने कभी नीति की रणनीति बनाई न हो?)
मुझे यह देश बिल्कुल पसन्द नहीं
और ऐसे किसी काम में मेरी साझेदारी नहीं जिससे रातोंरात मेरी पसन्द का बनता जाए यह देश हो भी रहे हों ऐसे और सम्भव है कि मैं शामिल भी हूँ
एक दिन इसे छोड़कर चला जाऊँगा ऐसा तो पता नहीं पता है यह ज़रूर मुझे छोड़ चुका है यह देश छोड़ता और हर रोज़ धीरे-धीरे तेज़तर
अगर मैं विरोधाभासों से भरा हूँ तो भरा हूँ

कम-से-कम भरा तो हूँ
अपने में हूँ और तुममें नहीं तो कम-से-कम हूँ तो नहीं भी तो हूँ ही

17

मुझे नहीं पता कौन गा रहा था
मैं सुरों आलाप ठेके और ताल के बीच अनियमित पदचाप सुन रहा था
जैसे काफ़्का को घबराहट होती थी प्राग की ज़मीन के नीचे कोई चलता रहता है लगातार
और चीज़ों से टकराता है उसका पैर तो ख़तरनाक आवाज़ होती है
मैं मेड़ों पर चुपचाप चल रहा था
गाने की आवाज़ सदियों पुराने एक अतीत से आ रही थी
यही अहसास क्या कम सुखद था कि अतीत में गाना भी था
यह एक दिन मेड़ों पर चुपचाप चलते हुए जाना मैंने
क्या फ़र्क़ पड़ता है कि कौन गा रहा था फ़र्क़ इससे है कि गाना था

18

पवित्रता का आग्रह हिंसा से भरा है सत्य और मौलिकता का आग्रह भी
अभिनय एक गुण-सा गुणसूत्रों में विकसित हुआ तो
हिंसा की संभावनाओं को न्यूनतम बनाने के वास्ते ही
मैं हिंदू हूँ और अन्याय सहना मेरी ऐतिहासिक आदत है
जैसे 20वीं सदी में यहूदी होना पाप था 21वीं में मुसलमान
मध्ययुग की सदियों का पाप मैं इक़बालियों बयानों और तोहमत लगाने की अर्ज़ी अग्रिम नामंज़ूर है जिसकी
एक अन्यमनस्क त्रिज्या अपने कोणों का बहिष्कार कर केंद्र से हटती है और अपने प्रतिरोध में गौरवान्वित जिस भी बिन्दु पर टिकती है
उसे एक नए केन्द्र में तब्दील कर देती है बजाय अपने त्रिज्या होने को तब्दील कर देने के

19

अभी-अभी सुबह हुई है यह समय सुबह से बहुत दूर है
अभी-अभी घर पहुँचा हूँ यह जगह घर से बहुत दूर है
अभी जो सपना देख रहा हूँ वह उन सपनों की सन्तान है जो अभी-अभी मरे हैं
सपनों के वैधव्य का विलाप है जिसमें रुँध जाती है कहीं पहुँचने की मेरी गति सुनने की शक्ति

जिसका शरीर 19वीं सदी के रूसी उपन्यासों की तरह था
वह औरत बरसों पहले मर चुकी है जिसे खोजता मैं यहाँ तक आया
वह अभी-अभी यहीं एक बच्चे की उँगली पकड़ सड़क पार करना सिखा रही थी
यह उस औरत ने बताया अभी-अभी जो यहाँ थी ही नहीं कभी
दूसरों से आदमी होने की उम्मीद वही करता है जो ख़ुद कभी आदमी नहीं हो पाया
लगातार इसके क्षोभ में रहता है
मनुष्य होने के लिए कलाओं की ज़रूरत नहीं जितनी अ-मनुष्य होने से बचने के लिए
उसने कहा तुम जैसे हो वैसे ही रहो मुझे आज तक समझ नहीं आया क्या और कैसा हूँ मैं तो कैसे रहूँ किस तरह
सिर्फ़ इतना कह सकता हूँ
तुम्हारे लिए जो कविताएँ नहीं लिखीं मैंने वे कविताओं से ज़्यादा हैं
जो संगीत नहीं रचा मैंने वह संगीत से ज़्यादा है
जो वचन मैंने नहीं निभाए सो इसलिए कि हमारे बीच सब कुछ ख़त्म न हो जाए
तुम तकाज़ा करती रहो और गुंजाइशें बची रहें

20

जब मैं कहता हूँ कि अठारहवीं सदी में मनुष्य के आकार की एक लिपि हुई थी जिसे लोग तीतू मियाँ कहते थे : तो पढ़ने-लिखने के शौक़ीन मेरे दोस्त मानते हैं : कि कुछ नया पढ़ा रहा हूँ इन दिनों : मैं उसे नहीं जानता आप भी नहीं जानते और हद है कि साला गूगल भी नहीं जानता : इंटरनेट पर मैं जैसे बैठता हूँ ठीक वैसे ही अपनी लाइब्रेरी में कभी बैठते होंगे बोर्हेस : और इसी तरह मनुष्य के आकार की लिपियों को पढ़ने की कोशिश में खो दी होगी उन्होंने दृष्टि : बायोग्राफिए बताते हैं कि उनके पिता ने भी वैसे ही खोई थी : उनके पिता भी कुछ वैसी ही गुप्त कोशिश कर रहे थे शायद : कुछ कोशिशों की आनुवंशिकता मिटाए नहीं मिटती : जैसे मेरा एक पुरखा रीवा की रियासत में फ़ारसी में शेर पढ़ता था : मेरा परदादा संस्कृत में श्लोक बुना करता था : मेरा दादा फ़िल्मों में गीत लिखने के लिए भागकर मुंबई पहुँचा था : मेरे पिता फाउंटेन पेन से लिखी कविताओं की कॉपी में पानी से फैल गए अक्षरों को याद करने का प्रयास करते हैं : मैं अपनी कविताओं को खोने से बचाने के लिए हार्ड डिस्क पर नहीं रखता, ई-मेल पर अपलोड कर देता हूँ : इस तरह हम सब कविता की एक आनुवंशिक कोशिश में रहे : और हम सब असफलता की आनुवंशिकता को प्रसारित करते रहे : और असफलता ही मात्र ऐसी वस्तु है जीवन में जिसे चुना नहीं जा सकता : तीतू मियाँ भी नहीं चुना करते थे : यह 1790 के आसपास का चरित्र है जो बंगाल का एक मशहूर पहलवान था : ज़मींदारों के बीच उठना-बैठना प्यारा शग़ल था : और

ज़मींदारों में अक्सर झगड़े होते थे : जिस तरफ़ हो जाते तीतू मियाँ उसका जीतना तय था : तो जीत के लिए उन्हें अपनी ओर करने की भरपूर कोशिश की जाती और कई बार तो झगड़ा ही इसी कोशिश के कारण होता : ऐसे ही अदला-बदली के एक खेल में उन्हें जेल हो गई : जेल से छूटकर आए तो उन्होंने ख़ुद को बहुत बूढ़ा महसूस किया और हज पर चले गए : लौटते हुए वहाबियों से उनकी मुलाक़ात हो गई और 1857 से भी साठ साल पहले उन्होंने अंग्रेज़ों के ख़िलाफ़ विद्रोह कर दिया : वह चाहते थे कि उनके पुराने ज़मींदार साथी भी उनकी तरफ़ हो जाएँ लेकिन उनका विद्रोह धीरे-धीरे किसान विद्रोह में परिवर्तित हो गया : और ज़मींदारों की संभावित दिलचस्पी जाती रही : सो वे ज़मींदार जो उनके इस या उस तरफ़ होने-भर से लड़ाइयाँ हार जाया करते थे : इस बार मिल-जुलकर उनके ख़िलाफ़ हो गए और सिर्फ़ अपने इधर या उधर हो जाने-भर से लड़ाइयाँ जीत लेने वाले तीतू मियाँ जब किसानों की तरफ़ हुए तो लड़ाई हार गए : इतिहास हमेशा भाग्यवाद की उत्पत्ति करता है और इतिहास दरअसल ख़ुद भाग्यवाद के सिवाय कुछ नहीं होता : तो तीतू मियाँ की जीतें जिनका कोई ख़ास ज़िक्र इतिहास में नहीं मिलता वे भाग्य की उत्पत्ति मानी जाती थीं : और जो उनकी हार थी जिसका कोई ख़ास ज़िक्र इतिहास में नहीं मिलता वह उनकी भाग्यविधाता बन गई : हारने के बाद तीतू मियाँ किस ओर हुए : और जिस ओर हुए क्या उस ओर की जीत हुई थी : ऐसा कोई सवाल गूँजता ही नहीं क्योंकि उस आख़िरी हार ने उनका मिथक तोड़ दिया था : जिस उम्र में यहाँ या वहाँ हो सकते थे वह उस उम्र को उन्होंने मौज में उड़ा दिया : और एक तरफ़ होने का उनका आख़िरी फ़ैसला कितनी देर से आया उनके जीवन में : तीतू मियाँ ख़ुद किस आनुवंशिकता से आए यह नहीं पता : लेकिन वे सारे लोग जो देर से जागते हैं वे सब तीतू मियाँ की आनुवंशिकता के ही उत्तराधिकारी हैं यह बात शिद्दत से महसूस होती है मुझे : जो यह नहीं समझ पाते कि टूटना मिथ की नियति होती है : एक मिथ हज़ार दूसरे मिथों की रचना करता है

21

मैं किसी प्रतिस्पर्धा में रहा नहीं इसीलिए सबसे आगे रहा
अकेला भी क्योंकि उन दिशाओं की ओर जाना नितांत अकेला होना था
मेरी भाषा में उत्साह का अर्थ हमेशा निद्रानिमग्न मुस्कान था
जागृत गतिशील हड़बड़ाहट को मैं उत्साह के नाम से कभी पहचान न पाया
मेरे सीने पर हाथ रख साँस को महसूस करने में धर्मभ्रष्ट होता था उनका
सो दूर से ही देखकर उन्होंने घोषणा कर दी
यह एक मुस्कुराती लाश है जिसमें सोई हुई हड़बड़ी तक नहीं
भुरभुरी मिट्टी के नीचे दब जाने की या महीन जल की धारा में बह जाने की

रह जाने की इस रहनशील दुनिया में रहना है तो सहना है इसीलिए रहन–सहन जैसा युग्म बना
जहाँ जीने के लिए उत्साह ज़रूरी माना जाता असल में ज़रूरी क्या था
यह वे भी न बता पाए जिन्हें किताबों के ब्लर्ब में सबसे ज़रूरी कहा गया
जो कहा गया था उसमें यक़ीन किया भी नहीं मैंने मसलन बुज़ुर्गों का सम्मान करो
बार–बार कही गई यह बात
बात मानो उनकी जो तुमसे प्रेम करते हैं
गोकि यह शर्त थी न मानने पर जिसे प्रेम ख़त्म हो जाता
तो हो जाए वह प्रेम ही क्या जो तुला हो अपनी बात मनवाने पर
मैं मानता न मानता पर सब मुझे हतोत्साहित लाश मान चुके थे
मुझे गाड़ा गया तब भी मेरे चेहरे पर उत्साह थिरक रहा था
जब मैं नींद में होता हूँ अपना चेहरा देख सकता हूँ

22

अच्छी चीज़ों से जुड़ा सबसे बड़ा विकार है कि उन्हें इतनी बार दुहराया जाता है कि उनका होना एक मामूली होना हो जाता है कि उनकी अच्छाई एक उबाऊ अच्छाई में बदल जाती है
इस तरह एक दिन उनके अच्छा होने को मानना इनकार कर दिया जाता है
जो बार–बार सुनना चाहते हैं कि मैं अच्छा आदमी हूँ, वे दरअसल अच्छेपन की परिधि से बाहर बैठते हैं
मैं अपनी नींद के सिरहाने बैठ स्वप्न लिखता उनकी वर्तनियाँ दुरुस्त करता व्याकरण को जाँचता खुला छोड़ता
और मुँह में फूँक मार उनमें जीवन भरता
सारे स्वप्न जीवन थे और सारा जीवन स्वप्न था
सारी प्रज्ञाएँ दरअसल विशाल प्रकाशपिंडों से फूटती अँधेरे की किरणें थीं
मेरे स्वप्नों की मृत्यु हो गई है मेरी रातें विधवाओं–सा विलाप करती हैं
मेरी इच्छाओं को लगभग पंगु बनाते हुए
मेरे भीतर भय की पुस्तिकाएँ हैं वायु का खंड–काव्य खंडित काव्य
जल का श्लोक निर्जलता का शोक
उस लाश की आँखें खुली थीं जैसे कोई कंप्यूटर को शटडाउन करना भूल गया हो
दुख का प्रपात अवसाद का बोगनवीलिया थोड़ा गुल था थोड़ा आब
जाने कौन–सा वायरस है जो उदासी में घुसता है उदासीन बना देता है
वे फूल जिनकी प्रजातियाँ लुप्त हो गईं महज़ इसलिए कि हमने उनके जैसा होने की कामना बन्द कर दी थी

23

नहीं यह कोई परिकथा नहीं थी
उसका धड़ घोड़े का था पूँछ श्वानों-सी लिंग था विशालकाय और दूध से भरा थन भी लटका हुआ था
वह ऐसा उभयलिंगी ख़ुद ही नर था मादा भी महान काम-क्षम वह पतली कटि का सुन्दरी
वह कर्म-भीम हज़ार हाथों का काम अकेले करता दौड़ता सरपट सुपर सोनिक विमानों से तेज़ उड़ता
वह अपनी प्रजाति का पहला था जिसकी व्यापक उत्पत्ति के लिए सरकार की मंज़ूरी दरकार थी
तब तक वह एक तस्वीर में हर दीवार पर टँगा हर कंप्यूटर पर स्क्रीनसेवर बन टहलता प्रतीक्षारत
वह बीटी मानव था जेनेटिकली मॉडीफाइड मानव-प्रजाति जिसमें
सैकड़ों अनुसन्धानों के बाद जीन्स की सही मात्रा मिलाई गई थी बीसियों पशुओं से निकाल
नहीं यह कोई परिकथा नहीं थी फंतासी भी नहीं विज्ञान का चमत्कार था
मनुष्यता जगाने के बजाय मेरी पशुताओं को ही जगा रहा विज्ञान और-और पशुओं को मिला रहा मुझमें
ऐसा कहूँ तो क्या यह मेरा पिछड़ा हुआ ज्ञान ?
फिर भी कहता हूँ यह पहले से था
यह हमारी फूहड़ अभिलाषाओं की दमित प्रजाति सिर उठा मंज़ूरी माँगती प्रतीक्षारत
मैं जितना नकारता वह उतना हुंकारता

24

मेरी कार के समांतर वह लड़का ऐसी रफ़्तार से चला रहा था साइकल जैसे वह कार को पछाड़ देगा : मैं ब्रेक दबा गाड़ी को धीमा और धीमा करता रहा : सरसराकर आगे निकल गया वह लड़का : रहम की मेहर से खिसियाया हुआ झुक कर सुस्ताने लगा : तभी मैंने रेज़ दे दी सर्रर्र से आगे निकल आया : उसे दुबारा साँस सँभालने में एक और शीत-युद्ध बीत चुका होगा : कार के भीतर शोस्ताकोविच की सिंफनी थी : कार से बाहर बेठोफ़न का बहरापन

25

इतना आसान नहीं था सीता को त्यागने का निर्णय जितना लंका को जीतना था
जिस तरह दो सीताएँ थीं एक अग्नि में छिपी हुई

उसी तरह दो राम हुए हों
और चूँकि राम की अग्नि परीक्षा कभी हुई ही नहीं
सो कभी लौट ही न पाया हो अग्नि में छुपा दूसरा राम
ऐसे ही मैं जो यहाँ बैठा हूँ दरअसल मैं हूँ ही नहीं एक और मैं था जो किसी समय जाकर आग में छुप गया
और अब बुलाने पर भी आ नहीं रहा
ऐसे ही यह जो युग है वह युग है ही नहीं जिसे होना था वह तो कहीं आग में जा पड़ा हुआ
सो इस राम इस मैं इस युग के जो फ़ैसले हैं उस राम उस मैं उस युग के भी होते कोई ज़रूरी तो नहीं
पर यह कैसे पता करें कि उस राम उस मैं उस युग को पीड़ा होती होगी इस इस इस के फ़ैसले सुनकर
आग की ओट से झाँक कर देखते हुए राज़ खुल जाने के भय से सावधान

26

एक साथ न जाने कितने युग चल रहे हैं : पृष्ठ पर मुख्य युग का पाठ है : पृष्ठभूमि में कितने तो पढ़े हुए और भूल चुके भी पाठ हैं : मैं मुख्य युग को पढ़ता और दूसरी लाइन पर लगे एस्टेरिस्क को देख फ़ुटनोट पर बसे दूसरे युग में पहुँच जाता : फ़ुटनोट में भी एस्टेरिस्क लगे हैं : जिन्हें खोजता मैं अनुषंगिका में चला जाता : वहाँ से कालक्रम और समय-निर्देशिकाओं में : फिर कोई एस्टेरिस्क पहुँचा देता अनुक्रमणिका तक : वहाँ से लौटता यह सोचते हुए कि किस युग में था मैं : कहाँ से शुरू किया था युगों के पाठ का यह सफ़र : जो तय है कि ऐसे ही चलेगा : तो बताओ, ऐसा, कैसे चलेगा

27

हम आपातकाल की सन्तान हैं सन 75 से 77 के बीच जन्मे हम उभयचर जो
निरंकुशता का अमूर्तन अपने भीतर ले चलते रहे सदा अराजक घोड़ों की तरह ज़मीन के उबड़-खाबड़पन को नकारते
जितना विरोध करते समझौतों के लिए भी उतना ही ख़ुद को उपलब्ध बता देते
सफलताओं का निषेध कर हम असफलता की कामना करते
और एक दिन अपनी कला में व्यवहार में प्रश्नों में जीवन में उत्तर-जीवन में घर में परिवार में बाज़ार और व्यापार में
ख़ुद को असफल घोषित कर देते
उस क्षण कोई हमें याद न दिला पाता हमने जिसकी कामना की उसे पा लिया यह

सफलता से अलग और क्या है
जब हम कहते दुख है हमें हमारे भीतर आग की कई लघुकथाएँ हैं जो उपन्यास बनने से इनकार करतीं लगातार
वह कौन-सी नस बन्द कर दी थी कि बच्चे तो पैदा हो रहे थे जो
बरसों बाद भी जब साथ आते मुट्ठी जैसी उपस्थिति न बना पाते
विभिन्न समयों में करते रहे लोलक की तरह दोलन आन्दोलन की आवश्यकता को दुहराते बुज़ुर्गों संग
हमें कोई बता नहीं पाता कि नसबन्दी के तमाम अभियानों के बावजूद
अपने परिवार में पाँचवीं-छठी सन्तान थे हम
हमारा गर्भाधान बार-बार दुहराई एक भूल के तहत हुआ था या एक सुनियोजित उत्तेजक राजनीतिक विरोध के कारण?

प्रमुख व महत्त्वपूर्ण टिप्पणियाँ

समाधि

सत्रह : 1917, सोवियत क्रान्ति का वर्ष। सैंतालीस : 1947, भारत की आज़ादी का वर्ष। पचहत्तर : 1975, भारत में इमर्जेंसी का वक्त। इक्यानबे : 1991, भारत में बाज़ारवादी उदार अर्थव्यवस्था का आगमन।

कुमार सम्भव

पैर के टिकने व उठने के बिम्ब का प्रयोग महाकवि कालिदास ने 'कुमार सम्भव' में किया है, जिसे इस कविता में पुनर्प्रस्तुत किया गया है। इस कविता में द्वैत भी है व अद्वैत भी। कविता के शुरू में सब द्वैत है। पैर दो हैं और दोनों अलग-अलग हैं। जीवविज्ञान के स्तर पर द्वैत है। शरीर और मन के विज्ञान का द्वैत है। दोनों पैर एक नहीं हैं। दोनों मन एक नहीं हैं। न द्वैत एक्सॉल्यूट है, न ही अद्वैत। पुरखा कवि कह गया है कि 'मन न भए दस बीस'। लेकिन यहाँ मन का भी द्वैत है। एक मन एकल है, हिमालय जैसी एकलता। किन्तु हिमालय कब एकल हुआ ? सिर्फ़ भाषा में ही न! वैसे तो हिमालय अपने-आपमें विशिष्ट बहुलता है, जिसे भाषाई संज्ञा की एकलता प्राप्त है। पहला मन एकलता के आवरण में बहुल है। दूसरा मन भी एकल नहीं। उसमें एक-दो नहीं, उनचास पवन की चंचलता है, जबकि पवन तो एकल है। प्राचीन संस्कृत काव्य ने उनचास अलग-अलग तरह के पवन बताए हैं। यह भी एकलता के आवरण में बहुल है। अन्य व अनन्य के बीच द्वैत भी है, अद्वैत भी। स्थिति व दृष्टि बदलने से यह गोचर होता है। दोनों को नकारा नहीं जा सकता। ये दोनों चेतना के दो स्तर हैं। चेतनता की एकलता के आवरण में बहुलता या द्वैत है। अनेकानेक एक किसी अद्वैत सिद्धान्त में नहीं। अद्वैत के भीतर एक बेहद गुप्त द्वैत है, जिसके आगे अ उपसर्ग कभी नहीं लग सकता। सारा द्वैत अन्ततः अद्वैत की ओर ले जाता है, सारा अद्वैत अन्ततः द्वैत तक खींच लाता है। यही दोनों दर्शनों की सुन्दरता है। और यही दोनों की वृत्ताकार संरचना है।

ख़ालीपन का प्रतिबिम्ब

बुद्ध ने दस क़िस्म के बोझ बताए हैं, जिनका इस कविता के मध्य में उल्लेख है। जिस यूनानी दार्शनिक का उल्लेख है, उसका नाम डेमॉक्रिटस है। कहा जाता है कि जब भी वह साधना या काम के लिए बैठता, भोग की इच्छा से सन्तप्त उसकी आँखें युवतियों को देखने लगती हैं। कोई उपाय न जान उसने आँखें ही निकाल फेंकीं।

पानी का पौधा

यह कविता बुद्ध और शंकर के दर्शन के साथ-साथ प्रेम की परिस्थितियों व आत्म के संधान पर है। 'तुम कौन हो' या 'मैं कौन हूँ'—यह महज़ एकल या यूनीक प्रश्न नहीं, बल्कि सापेक्षता के सिद्धान्त की तरह 'मैं कौन हूँ' का जवाब 'तुम कौन हो' के जवाब पर निर्भर करता है। यह शंकर के अद्वैत का ही प्रत्यायन है कि आत्म (सेल्फ) व अनात्म (अदर) एक ही हैं। मूल-मध्यमक-कारिका में नागार्जुन कहते हैं कि आत्म भी शून्य है और अनात्म भी शून्य है, अर्थात दोनों एक हैं। बुद्ध और शंकर कुछ जगहों पर एक साथ दिखते हैं, भले ही अलग-अलग काया में। इस संग्रह में, तथा इससे पहले के में भी, मेरी कई कविताएँ बुद्ध से प्रेरित हैं। कविता में दाहिनी ओर इटालिक्स में जो पंक्तियाँ हैं, वे बुद्ध से जुड़ी एक कथा से हैं, जिसमें द्रोण नामक साधु बुद्ध से ये सारे प्रश्न करता है और बुद्ध उनका जवाब देते हैं। जब बुद्ध की मृत्यु हुई थी और उनके अवशेष पर विवाद हो गया था, तब इसी द्रोण ने वह विवाद शांत कराया था। कविता के शुरू में बुद्ध की पलकों का उल्लेख है। इस सम्बन्ध में दो कथाएँ प्रचलित हैं : जापानी दंतकथा के अनुसार, एक बार बुद्ध की पलकें ज़मीन पर गिर गईं और उनसे चाय की पत्तियाँ उग आईं। चीनी मान्यता के अनुसार, बोधिधर्म नामक एक अन्य परवर्ती बुद्ध, जिन्होंने चान या ज़ेन बुद्धिज़्म का प्रवर्तन किया था, लम्बी विपश्यना के दौरान बार-बार नींद में चले जाते थे। नींद से बचने के लिए उन्होंने अपनी पलकें निकालकर फेंक दीं जिनसे चाय की पत्तियाँ उग गईं। यह चाय की उत्पत्ति की भी कथा है। उसके बाद से भिक्षुओं ने नींद से बचने के लिए चाय का सेवन आरम्भ किया। इस तरह पूरब में चाय की पत्तियों को बुद्ध की पलकें माना जाता है। पत्तियाँ धरती की नमी सँभाले रखती हैं, जैसे पलकें आँख की नमी को सँभालती हैं। यह नमी ही ज्ञान का पर्याय है, जो कि स्वयं बुद्ध हैं।

छोटा ईश्वर

पहले हिस्से की शुरुआती दो तथा अन्तिम दो पंक्तियाँ नीत्शे की पंक्तियों से प्रेरित हैं। 'छोटा ईश्वर' शब्द-युग्म नीत्शे के 'लिटिल गॉड' का हिन्दी अनुवाद है। दूसरे हिस्से में दुर्योधन व गांधारी के एक प्रसंग का सांकेतिक उल्लेख है। बरसों से कृत्रिम अन्धत्व ओढ़े गांधारी महाभारत युद्ध के अन्त में दुर्योधन को अपने सामने पूर्ण नग्न

प्रस्तुत होने को कहती है, ताकि अपने संरक्षित सत् की दृष्टि से वह अपने पुत्र की देह को फ़ौलादी बना दे। कविता में उसका उल्टा किया गया है। चौथे हिस्से में वैदिक ऋषियों बालाखिल्य का उल्लेख है। अँगूठे जितने आकार के इन ऋषियों की संख्या साठ हज़ार बताई गई है। ये पेड़ों की डाल से उल्टा लटककर साधना किया करते थे। पाँचवाँ हिस्सा बुद्ध तथा उनकी चेतना के सतत प्रवाह से प्रभावित है, जो कि स्पष्ट दृष्टिगोचर भी है। इसके अन्त में आए शब्द 'अ-भाषा' की विस्तृत परिभाषा मैंने अपने आने वाले उपन्यास 'रानीखेत एक्सप्रेस' में लिखी है। सुधि व जिज्ञासु पाठक इस शब्द के लिए उपन्यास की प्रतीक्षा कर सकते हैं।

(पर) लोक-कथा

बेहद सांकेतिक तौर पर इस कविता का मूल विचार बौद्ध-दर्शन के महत्त्वपूर्ण ग्रन्थ 'लंकावतार सूत्र' से जुड़ा हुआ है। स्पष्ट कर दूँ कि उसमें पेड़ व बीज की कथा नहीं है। तथागतगर्भ, बुद्धधातु तथा योगाचार पर आधारित इस सूत्र में बुद्ध तथा महामति के बीच संवाद है, जो कि रावण की लंका में हुआ था। इसमें बुद्ध इस बात पर ज़ोर देते हैं कि हम जिसे भौतिक दुनिया मानते हैं, वह कुछ नहीं, सिर्फ़ हमारा मन है। हर वस्तु, अ-वस्तु शून्य है। ज़ेन बुद्धिज़्म की उत्पत्ति 'लंकावतार सूत्र' से ही हुई थी।

वत्सदंत

अर्जुन ने जिस तीर से अश्वत्थामा पर प्रहार किया था, उसका नाम वत्सदंत था। वत्स यानी गाय का बछड़ा, दंत यानी दाँत। गाय के बछड़े के दाँत इतने पैने नहीं होते कि वह काटे, तो अंग-भंग हो जाए; पर चोटिल अवश्य करते हैं। वत्सदंत तीर भी इतना घातक नहीं था कि प्राण ले ले, लेकिन ऐसा भी न था कि छूकर गुज़र जाए। चोट गहरी देता, जान न लेता। कहीं वत्सदंत, प्रेम की अनुभूति का तीर में रूपांकन तो नहीं?

संरचना पर नोट

इस संग्रह की कई कविताओं की फॉर्मेटिंग नई तरह से है। इन कविताओं में मुख्य पंक्तियाँ पारम्परिक बाईं ओर से चलती हैं यानी लेफ्ट अलाइन्ड हैं। जबकि बीच-बीच में कई पंक्तियाँ दाहिनी ओर को खिसकी हुई हैं। मैं बरसों से जिस असम्बद्ध काव्य-संरचना की साधना कर रहा हूँ, यह उसी का एक हिस्सा है। बाईं ओर की पंक्तियों को एक साथ पढ़ा जा सकता है, दाहिनी ओर की पंक्तियों को एक साथ। इस तरह एक ही कविता के भीतर, दो कविताएँ बन जाती हैं। इस तरह एक ही कविता को दो बार पढ़ा जा सकता है। इस तरह एक ही कविता थीम और अर्थ की बहुलता तक जा सकती है। उम्मीद है, सुधी पाठक इसे उदारतापूर्वक ग्रहण करेंगे।

कुछ प्रमुख शस्तियाँ

भारत के दस सर्वश्रेष्ठ युवा लेखकों में से एक।

—इंडियन एक्सप्रेस

21वीं सदी के पहले दशक के मेरे प्रिय कवि व कथाकार हैं गीत चतुर्वेदी।

—नामवर सिंह

गीत के पास बहुत ताज़ा और चमकीली भाषा है। वह विचारवान और स्वप्नदर्शी हैं।

—ज्ञानरंजन

गीत चतुर्वेदी की काव्य-निर्मिति और शिल्प की एक सिफ़त यह भी है कि वे 'यथार्थ' और 'कल्पित', ठोस और अमूर्त, संगत से विसंगत, रोज़मर्रा से उदात्त की बहुआयामी यात्रा एक ही कविता में उपलब्ध कर लेते हैं। इतिहास से गुज़रने का उनका तरीक़ा कुछ-कुछ चार्ली चैपलिन-सा है और कुछ काल-यात्री (टाइम ट्रैवलर) सरीख़ा...। भारतीय समाज के लुच्चाकरण और अमानवीयता पर जो बहुत कम हिन्दी कवि नज़र रखे हुए हैं, गीत उनमें भी एक निर्भीक यथार्थवादी हैं।

—विष्णु खरे

गीत चतुर्वेदी ने अपने गल्प व कविताओं में अवाँ-गार्द भाव दिखाया है। उनका अध्ययन बेहद विस्तृत है जो कि उनकी पीढ़ी के लिए एक दुर्लभ बात है। यह पढ़ाई उनकी रचनाओं में अनायास और सहज रूप से गुँथी दिखती है। उनकी भाषा व शैली अभिनव है। उनके पास सुलझी हुई दृष्टि है, जिसमें क्लीशे नहीं और जो कि वर्तमान विचारधारात्मक खेमों के शिकंजे में भी फँसी हुई नहीं है।

—अशोक वाजपेयी

गीत चतुर्वेदी ऐंद्रिक सजगता और कल्पनाशीलता से अपनी अभिव्यक्तियों को, उनके पुराने ठिकानों से एक क़दम आगे ले जाकर, एक ताज़गी का अहसास देते हैं।

—नरेश सक्सेना

गीत चतुर्वेदी समकालीन रचनाशीलता के विरल उदाहरण हैं।

—अखिलेश

गीत सांद्र एहसासों के कवि हैं। इसीलिए उनकी कविता में अर्थ की सघनता है।

—पंकज चतुर्वेदी

गीत चतुर्वेदी की भाषा और अन्तर्वस्तु में संवेदना और मार्मिकता की सबसे अनछुई ताज़गी है। वह कविता में सुबह की मानिन्द हैं, तरोताज़ा, धारोष्ण कथ्य और बिम्बों के कवि। हर बार वह कविता में अपनाया अपना ही रास्ता बदलने का कौशल भी रखते हैं। उनमें समसामयिकता की हड़बड़ी नहीं...उनकी कविताओं की धात्विक चमक देखकर हम 'मार्वलस' के भाव से भर उठते हैं।

—ओम निश्चल

गीत की कविता अपने नितान्त नए और मौलिक मुहावरे में भारतीय समय, ख़ासकर 2001 के बाद के समय, का एक अनोखा आख्यान रचती है और ऐसा करने के लिए उसे किसी अपेक्षाकृत बहुत लम्बे शिल्प की ज़रूरत नहीं होती—यह गीत का अपना ख़ास हुनर है, मैं ख़ुद अपने लिए भी जिसकी कामना तो बहुत करता हूँ पर जो मेरे पास नहीं है...इस पीढ़ी में शायद किसी के पास नहीं है।

—शिरीष कुमार मौर्य

गीत चतुर्वेदी का आगमन हिन्दी साहित्य संसार में व्यक्त नहीं, घटित हुआ है। मुरीदों, निन्दकों, रक़ीबों ने अपने स्नायुतंत्र पर उन्हें घटना की तरह बर्दाश्त किया और उनके 'अप्रत्याशित' पर चुप हो गए या कहीं और चले गए।

—व्योमेश शुक्ल

प्रेम की राजनीति (प्रेम और राजनीति!!!) जैसे विषय-सम्बन्ध कवियों ने समाज-वैज्ञानिकों के लिए रख छोड़े हैं। गीत ने कविता में ख़ुश्की की बहुत परवाह किए बग़ैर इन प्रोज़ेक-विषय सम्बन्धों को कविता की मुख्य-भूमि पर खड़ा कर दिया है। और देखिए, ऐसा करते हुए वह कितना सजग, भिन्न और अभिनव हो चले हैं।

—अनुराग वत्स

गीत का लेखन ध्यान या विपश्यना की तरह है। कील पर हथौड़े की तरह, वह हमारी चेतना पर लगातार प्रहार करते हैं, हमारी स्मृतियों को झंझोड़ देते हैं। हर एपिसोड जीवन के किसी पहलू पर किया गया मेडिटेशन है—प्यार, मृत्यु, विस्मृति, स्त्रियाँ, परम्परा, राजनीति। जन्म के क्षण को राजनीति से जोड़कर देखना—उनके यहाँ थोड़ा-सा कुंडेरा भी हैं। अचूक राजनीतिक समझ के साथ लिखी गई यह कविता एक मास्टरस्ट्रोक है।

—आशुतोष भारद्वाज ('उभयचर' पर)

गीत की कविताएँ काव्यत्व से भरी हैं। अर्थ के एकार्थी रास्ते पर इनके चिह्न शायद स्पष्ट न हों, अर्थांतर के चौराहे पर खड़ी ये अपनी उजली रोशनी हर दिशा में फेंकती हैं। बने-बनाए रास्ते पर ये न चलती हैं, न अपना कोई निश्चित पता छोड़ती हैं। गीत चतुर्वेदी हिन्दी कविता के अगले सराय हैं।

—अरुण देव

गीत चतुर्वेदी की कविताएँ सम्मोहक हैं, काव्य-सत्त्व से भरपूर। उनमें पारभासी छवियाँ व विलक्षण बिम्ब हैं। भाषा के साथ एक विशिष्ट रति-रम्यता है जो पाठक को अतींद्रिय आनन्द का अनुभव कराती है। असम्बद्ध काव्य-संरचना के कारण हर पंक्ति या अनुच्छेद अपने-आपमें एक अलग दुनिया है, हर पंक्ति एक नई शुरुआत, एक नया अन्त है। वह सीधे यथार्थवाद की जगह मेटा-रियलिज़्म को अपना वाहन बनाते हैं। गीत चतुर्वेदी एक दुर्लभ कवि हैं, हृदय के इतिहासकार, आत्मा के पुरातत्त्ववेत्ता।

—अनिता गोपालन

गीत चतुर्वेदी अपनी पीढ़ी के मेरे सबसे प्रिय कवियों में है। उसकी कविताएँ बोलती हैं और वह अक्सर चुप रहता है।

—अशोक कुमार पाण्डेय

★★